ME CONVERTI,

e aí?

MARCELO DIAS
DIOGO CROTTI

"

Portanto, meus amados irmãos, permanecei firmes e que absolutamente nada vos abale. Dedicai-vos, dia após dia, à obra do Senhor, plenamente conscientes de que no Senhor, todo o vosso trabalho jamais será improdutivo.
(1 Co 15:58 - King James)

"

Diagramação   Adriano Alves

Arte   Jackson Andrade

D541m

  Dias, Marcelo Ricardo da Rocha, 1989

  Araújo, Diogo Damião Crotti de, 1983

  Me converti, e aí? / Marcelo Dias & Diogo Crotti. – Londrina - PR: Produção independente. Copyright [2019] by Marcelo Dias & Diogo Crotti.

  176 p. : 14x21 cm

  ISBN 978-65-900188-2-3

  Todos os direitos desta edição reservados aos autores da obra.

  1. Moral cristã e teologia devocional   2. Cristianismo e teologia cristã. I. Título.

Índice para catálogo sistemático

Universo Teológico

SUMÁRIO

PREFÁCIO DO MARCELO

Este livro é fruto de um tempo ímpar na minha história. Um tempo em que estava à frente de uma célula (reunião em pequenos grupos) com diversos irmãos.

Pela minha experiência com recém-convertidos, acabei por colecionar nesse livro dicas que eu dei por diversas vezes para muitas pessoas, mas que antes que eu pudesse "mostrar o caminho para alguém", me foi mostrado por irmãos muito mais maduros e firmes na fé do que eu.

Escrevo este prefácio alguns anos após ter escrito o texto original deste livro. De lá para cá muitas coisas me sucederam, como troca de igreja, problemas pessoais, mudança de cidade, planos frustrados e até mesmo um grande esfriamento espiritual em determinada fase.

Em conversa com o Diogo, que adora tomar um *cappucino* pela manhã após orar, contei que tinha o manuscrito de um livro. Corri atrás de publicá-lo, mas não houve interesse de pessoas próximas e acabei por abortar o projeto.

Tão logo encaminhei ao Diogo os manuscritos, quase 4 anos depois de escritos, ele me incentivou a publicarmos em conjunto. É uma grande honra para mim poder compartilhar desse momento único de minha vida e, de alguma forma, poder ajudar outros irmãos, assim como fui por inúmeras vezes ajudado.

No momento em que escrevo estas linhas, acabo de passar por grande mudança em minha vida. Morei quase que a vida toda em Londrina, Estado do Paraná e acabei de me mudar para a capital nacional, Brasília.

Estou em um momento onde não tenho amigos nesta nova cidade, sinto saudades de minha terra natal mas, ao mesmo tempo, me encontro encantado com o rio de oportunidades que Deus têm me proporcionado e pela beleza dessa cidade esculpida no cerrado.

Ainda estou à procura de uma igreja, ainda preciso escolher bem os caminhos que devo tomar, pois não nego que algumas vezes já me peguei praticando atitudes contrárias às prescritas nas próximas páginas.

E o Diogo, meu Pastor e grande amigo, "o maior pecador que conheço" (rs), me revelou algo que mexeu demais comigo. Disse ele – "Marcelão, você percebeu que você está vivendo exatamente àquilo que você escreveu no livro? Use o seu próprio livro para se firmar na fé nessa nova terra."

Então posso dizer, sem ter medo de errar, que mesmo eu não sendo novo na fé, além de ter escrito este livro, todas as dicas a seguir expostas falam comigo até hoje, mesmo após atravessar muitos vales e mesmo não tendo dúvidas que Jesus é o único caminho e que não sou nada sem a Graça d´Ele.

Espero que você seja abençoado pelas próximas páginas e se achegue cada dia mais aos caminhos de Deus. Este é o anseio do meu coração e espero, com toda a fé, que também seja o seu anseio mais profundo.

Que Deus te ilumine e te abençoe nessa curta jornada, onde discorro sobre o tema – me converti, e aí?

PREFÁCIO DO DIOGO

Já de início afirmo que fiquei com a parte fácil deste livro que foi produzir as devocionais, enquanto o Marcelo, que é meu irmão do coração, garimpou na Palavra e em sua experiência princípios significativos para auxiliar no processo de crescimento da vida cristã. Quando ele me mostrou seu texto pela primeira vez, e após ler, disse: "Uau! Precisamos publicar isso. Tá muito bom!" E é o que estamos fazendo agora.

Ler cada um dos tópicos apresentados era como vivenciar a narrativa da minha época de novo convertido! Gosto de livros assim que são práticos e ao mesmo tempo toca nosso coração e nos leva à reflexão do que estamos fazendo com o tempo que nos foi dado por Deus e como viver uma vida que o glorifique.

Neste sentido, o livro que tem em mãos auxiliará o novo convertido, a partir da leitura da Parte I, e os que já estão a tempos na caminhada serão beneficiados, na Parte II. Enquanto a Parte I oferece direção aos novos na fé, a segunda o leva a refletir se sua caminhada está em ordem e nos conformes do Senhor!

Um conselho: seja um novo convertido ou não leia todo o livro!

Me converti, e aí?

PARTE I

Introdução

———————

Algumas pessoas tiveram o privilégio de nascer em um lar Cristão. Foram instruídas desde pequenas no caminho em que deveriam trilhar e ensinadas da importância de se manter Deus no centro de suas vidas.

Mas, assim como eu, nem todos tiveram essa mesma sorte.

Eu conheci e cri em Jesus quando passava por um tempo conturbado. Não tinha onde me apoiar, a minha mente estava uma bagunça e minha vida era extremamente desequilibrada. Eu, que experimentei diversas religiões e até mesmo me proclamei ateu, um sujeitinho orgulhoso e quase "invagelizável", decidi como último recurso conhecer esse Jesus "dos crentes".

De lá para cá minha história foi completamente transformada, mas passando por muitos altos e baixos. Infelizmente, contrastei tentativas de ter uma vida cristã com um resquício de mundo. Se eu tivesse ouvido e aplicado os conselhos que me davam tão logo da minha conversão, com certeza teria desfrutado de muito mais da parte de Deus, mas tudo tem um propósito e posso afirmar que a minha dificuldade inicial em me "firmar" na caminhada me proporcionou experiências e alguns bons frutos, como esse livro.

Posso dizer que, sem dúvida alguma, a melhor escolha que fiz foi mergulhar de cabeça no evangelho. O único arrependimento que tenho é de não ter o feito antes. Sexo, as melhores festas, drogas ou as melhores bebidas não se comparam com um dia na presença de Deus, sentindo o amor do Pai.

Neste momento em que escrevo, sou membro atuante na minha igreja local, exercendo liderança de célula, onde pude acompanhar muitas pessoas e conhecer muitas histórias. Para mim é nítido que quem aplicou estas dicas, que serão apresentadas neste livro, conseguiu experimentar um bom início de jornada. Eu mesmo, só me firmei para valer, quando coloquei tudo isso em prática e posso afirmar, quanto mais me comprometia em exercê-las maior foi o meu crescimento.

Esse livro busca te ajudar no início da caminhada, vem para te dar uma luz das boas escolhas a serem feitas e ser um ponto de apoio.

Quando traçamos objetivos claros e um plano de ação fica mais fácil de se alcançar um objetivo. Que seu objetivo seja se tornar mais parecido com Jesus Cristo e que essas dicas sejam colocadas em prática para que você venha a viver a melhor fase da sua vida.

Nos próximos capítulos vou ajudá-lo a responder a seguinte pergunta: Me converti, e aí?

Encontrar uma igreja

Você confessou Jesus e sua vida foi progressivamente mudada.

Muitas pessoas recebem convites para seguir Jesus, reestabelecendo o propósito e plano que foi traçado desde o ventre materno, mas, por nossas más escolhas, acabamos por deturpar e desviar deste caminho.

Algumas pessoas creram em Jesus ao serem convencidas pelo Espírito Santo dentro de alguma denominação, outras creram através de uma pregação ou testemunho na internet, em um evangelismo de rua ou até mesmo através deste livro. O próximo passo é conectar-se à igreja local que possuem as seguintes marcas, que expressam sua saúde espiritual, as quais são:

- **Pregação correta da Palavra**. Por pregação correta é quando o texto bíblico é interpretado pelo pastor com o objetivo de trazer o sentido do mesmo aos seus ouvintes. Um pastor sério não força o texto, mas permite que o texto bíblico confronte suas próprias ideias, a tal ponto que sua mente é moldada pela Palavra.
- **Santa Ceia e Batismo**. A Igreja local saudável celebra a Ceia do Senhor e batiza pessoas. Jesus foi moído na cruz e seu sangue vertido para que tenhamos vida n'Ele, e o batismo é a integração do cristão a igreja local.
- **Disciplina realizada em amor**. Igreja saudável exorta seus discípulos em amor com o objetivo de conduzi-los ao caminho da verdade. Igrejas doentes permitem que as

pessoas vivam como queiram. Mas um pastor sempre vai repreender em amor seus filhos e filhas (ovelhas).

A igreja não é feita de paredes, estrutura e caixas de som, mas sim de pessoas e pessoas são diferentes. Embora o jeito de vestir, a visão ou o louvor mudem, uma coisa não muda – Uma igreja séria prega a palavra da cruz de Cristo, e conhecerá a igreja saudável por seus frutos, como em Lucas 6:44 – "Pois cada árvore é conhecida pelos seus próprios frutos."

Não se engane, não existe uma igreja perfeita. Deus é perfeito assim como os seus caminhos, mas a igreja é feita de homens e todos nós estamos sujeitos a erros. A igreja é um hospital e quem está no hospital quer ser curado.

São pessoas que reconhecem suas falhas, erros e que necessitam da graça e da misericórdia de Deus para viverem a vida. A igreja não é - ou não deveria ser - um clube social dos salvos, onde as pessoas se reúnem para entretenimento, mas sim um local para ser confrontado em amor e ser direcionado, visando tornar-se mais parecido com Cristo.

Uma igreja para você

É imprescindível que esteja participando da igreja local. A igreja proporcionará meios para que possa desenvolver seu chamado e isso só será possível acompanhando na sua caminhada cristã, por meio da célula e do discipulado.

Além dos seus amigos que o conduziram a Cristo na igreja você ampliará sua rede de relacionamento consideravelmente, e como já mencionado, não espere perfeição dos discípulos que servem a Jesus na igreja local, pois eles não são perfeitos e nem você!

Nossa igreja realiza dez cultos todos os domingos por meio da sede e dos Polos espalhados pela cidade. São cultos curtos que duram em torno de 1h30min no máximo, e temos até uma igreja dentro de um dos *shoppings* da nossa cidade! Temos muitos cultos e desenvolvemos muita comunhão, como afirmou o Salmista:

> Oh! quão bom e quão suave é que os irmãos vivam em união. É como o óleo precioso sobre a cabeça, que desce sobre a barba, a barba de Arão, e que desce à orla das suas vestes. Como o orvalho de Hermom, e como o que desce sobre os montes de Sião, porque ali o Senhor ordena a bênção e a vida para sempre." (Salmos 133)

A igreja de Jesus é alegre, viva e celebrativa! Portanto, venha ter comunhão conosco!

Me converti, e aí?

Meditar na palavra

Todo momento que você tira para ler a Bíblia sua vida é transformada. A Bíblia é uma fonte inesgotável de sabedoria, onde Deus mostra a sua essência, direcionando a humanidade para viver uma vida justa e nos apresenta o nosso maior exemplo – Jesus Cristo.

A Bíblia também contém diversas histórias de homens e mulheres de Deus que tiveram vidas abençoadas por terem escolhido os caminhos do Senhor, ou vidas pífias e sem sentido por procurar traçar seus próprios caminhos.

Temos exemplos de grandes homens como Paulo, Daniel e José que tiveram uma vida sábia buscando sempre estar nos caminhos de Deus. Mas também temos exemplos como os de Sansão, Nabucodonosor, Eli entre outros que decidiram viver uma vida de pecado e orgulho, tendo fins horríveis. Outros tiveram uma caminhada abençoada, mas em alguns pontos cometeram faltas graves que trouxeram grandes consequências, como David, Pedro e Salomão.

Se você enxergar a Bíblia como uma bússola que aponta o caminho correto a se trilhar, sua leitura será muito mais prazerosa e sua vida será muito mais abençoada. "Lâmpada para os meus pés é tua palavra, e luz para o meu caminho". (Salmos 119:105).

Quem já foi em uma mata fechada durante a noite sabe da importância de se ter uma lanterna. É impossível saber que caminho trilhar sem uma luz para mostrar o caminho. Nesse mundo onde há tanta maldade é importantíssimo portarmos uma lâmpada, e essa lâmpada é a Bíblia.

A palavra de Deus é fonte inesgotável de sabedoria, todo o conhecimento necessário para se tornar uma pessoa de valor está nela. "Preste atenção e ouça os ditados dos sábios, e aplique o coração ao meu ensino." (Provérbios 22:17)

Se você meditar e se dedicar na Palavra sua vida será valiosa, você irá ser bem-sucedido nas suas escolhas - e escolhas é o que move a vida.

Dicas práticas para sua leitura bíblica:

Usar Bíblia de papel.

Hoje, grande parte da população possui telefones celulares e com eles uma vasta gama de aplicativos. Entre esses aplicativos está a Bíblia que pode ser baixada de graça. Em algumas igrejas os Pastores já podem dizer: "**liguem** suas Bíblias" ao invés de dizer: "**abram** suas Bíblias".

Não há nada de espiritual em usar ou não usar a bíblia eletrônica, mas a versão em papel, tradicional, é a melhor em nossa opinião.

Quando você está com o celular na mão pode ser tentado a dar uma olhada nas suas redes sociais, seu *WhatsApp* pode tomar parte da sua tela, entre outras. Além do mais, vejo que pessoas que usam a Bíblia em papel se concentram mais em sua leitura, pois mergulham em um mundo literário. A Bíblia de papel dá espaço para grifar passagens, fazer apontamentos e ajuda a memorizar exatamente onde está determinado capítulo, versículo, etc.

Rabisque a Bíblia.

No começo da minha caminhada tinha dó de grifar, marcar minha bíblia. Mas hoje posso dizer – faça-o. A Bíblia é uma fonte de ensino, por isso, grife passagens que são benção para você, escreva o que Deus tem falado com você e aprofunde ao máximo nessa inesgotável fonte de sabedoria. Conheço pessoas que trocam de bíblia todos os anos, pois em suas leituras anuais fazem diversas anotações e no próximo ano buscam ter novas anotações.

Leia em toda hora e em todo lugar.

Não é necessário um ritual para ler a Bíblia. Você pode lê-la em qualquer hora ou em qualquer lugar.

Quando estou esperando por uma consulta, ou algo do gênero, aproveito para ler a Bíblia. Algumas vezes sinto vontade de ler, ou estou "à toa", e logo mergulho na Palavra. Costumo ter um tempo certo durante o dia para ler, mas isso não precisa ser uma regra, conquanto que você sempre esteja lendo. Outras pessoas fazem suas leituras em momentos íntimos, tem um verdadeiro local preparado e hora para fazê-lo. Outros podem fazer a caminho do trabalho, no avião ou em qualquer outra situação. O importante é sempre estar se conectando com o Pai.

Procure uma linguagem fácil.

Há diversos tipos de Bíblias e linguagens. A linguagem é uma tradução específica, podendo ser com palavras mais contemporâneas, mais cultas e mais tradicionais.

Procure uma versão que seja mais fácil para compreender. Há diversos tipos de Bíblias para você escolher, tire um tempo e leia alguns versículos em Bíblias distintas e veja qual se adequa melhor para você.

Se não sabe qual tradução escolher peça orientação do seu pastor ou alguém maduro na fé para indicar, ou uma boa livraria cristã, que poderá auxiliá-lo na escolha.

Leia pouco, leia muito, mas leia.

Talvez você seja uma pessoa que tenha um bom hábito de leitura e consiga ler diversos capítulos em poucos minutos. Amém!

Pode ser que você não tenha o hábito de ler, e tenha que ler devagar, olhando minuciosamente cada frase. Amém!

O importante não é o quanto você lê ou a velocidade em que você lê, mas sim a disposição de aprender com a Bíblia. Você não precisa provar nada para ninguém, como em uma competição de quem lê mais capítulos, pois cada pessoa lê de uma forma. Algumas têm facilidade em captar informação através da leitura e podem ler super rápido. Outras possuem mais dificuldades e precisam ler lentamente. O que vale é entender o que se está lendo, pois é mais importante a compreensão do que a quantidade de capítulos.

Qual a melhor forma de ler?

É incontestável que, quanto mais você ler a Bíblia, mais as verdades de Deus serão gravadas em seu coração. Mas qual a melhor forma de ler?

Cada pessoa tem um plano especifico. Hoje consigo ler muitos capítulos em um dia, mas comecei lendo pouco.

É muito importante ter um plano de leitura. Não acho interessante simplesmente abrir a Bíblia e começar a ler na página que cair.

Há diversas formas de fazer um plano de leitura e o mais conhecido deles é o plano de leitura bíblica anual. Algumas pessoas fazem esse plano começando do Antigo Testamento até chegar ao novo, lendo em média de 3 capítulos por dia. Outros começam pelo Novo e terminam com o Antigo Testamento e há ainda quem faça no mesmo dia um pouco do Antigo e um pouco do Novo.

O que eu recomendo para quem está começando? Faça um plano de leitura bíblica para ter uma base e direção. (Você pode acessar o Plano de Leitura Bíblica anual neste link:

(<http://www.sbb.org.br/conteudo-interativo/planos-de-leitura-da-biblia/>).

Caso opte por não fazer um plano, comece lendo os Evangelhos (Mateus, Marcos, Lucas e João) e siga lendo o Novo Testamento. É interessante meditar todos os dias em Provérbios e em Salmos. Tenho feito essa prática e tem mudado minha vida, falarei sobre isso em um capítulo mais à frente.

Seja qual for a melhor forma de leitura para você, leia e medite, pois Deus fala muito conosco através da palavra.

Me converti, e aí?

Buscar intimidade com Deus

D eus busca amigos. E essa é uma verdade que deve estar cravada em seu coração.

Deus é Deus, criador de tudo, onipresente, onisciente e onipotente, portanto não há nada que você possa fazer para barganhar com Deus.

Deus nos ama de uma forma indescritível, mesmo quem está andando por décadas com Deus ainda se surpreende com o tamanho do Seu amor e de Sua bondade. Ele não nos chama de servos, mas de amigos. E um amigo busca se relacionar, estar junto, conversar com seu amado. "Já não vos chamo servos, porque o servo não sabe o que faz seu senhor; mas Eu vos tenho chamado amigos, pois tudo o que ouvi de meu Pai Eu compartilhei convosco". (João 15:15)

Nesta amizade Jesus quer te mostrar verdades escondidas do Pai, que Ele reservou somente àqueles que o amam. Jesus falava por meio de parábolas e só aqueles que andavam com Ele tinham a revelação do que Ele queria dizer. Mateus 13:11 diz: "Ele, respondendo, disse-lhes: Porque a vós é dado conhecer os mistérios do reino dos céus, mas a eles não lhes é dado;"

> Porque sou eu que conheço os planos que tenho para vocês", diz o Senhor, "planos de fazê-los prosperar e não de lhes causar dano, planos de dar-lhes esperança e um futuro. Então vocês clamarão a mim, virão orar a mim, e eu os ouvirei. Vocês me procurarão e me acharão quando me procurarem de todo o coração. Eu me deixarei ser encontrado por vocês. (Jr 29:11-14).

Ele quer revelar planos que Ele tem traçado desde que você foi concebido no ventre de sua mãe. Quer te guiar, restaurar e amar. Deus é amor e no seu plano de amor Ele criou uma linda história para você viver. Jeremias 1:5 diz: "Antes mesmo de te formar no ventre materno, Eu te escolhi; antes que viesses ao mundo, Eu te separei e te designei para a missão de profeta para as nações!" Gálatas 1:15 reforça: "Todavia, Deus me separou desde o ventre de minha mãe e me chamou por sua graça. Quando, então, foi do seu agrado." E Isaías 49:1 diz: "Ouvi-me, ilhas, e escutai vós, povos de longe: O SENHOR me chamou desde o ventre, desde as entranhas de minha mãe fez menção do meu nome."

Quando estamos fora dos caminhos de Deus o mundo polui nossa mente, expondo muitas mentiras e fazendo com que cada vez mais as pessoas sejam mais parecidas. Tive a oportunidade de visitar muitos países e posso dizer que em todos esses países os jovens se vestem da mesma maneira, usam as mesmas marcas, usam os mesmos celulares e ouvem o mesmo estilo de música.

Satanás usa como seu plano tirar a identidade de cada um, tirar a sua individualidade, dando padrões a serem seguidos. A mídia desempenha muito bem esse papel trazendo milhares de pessoas a desejarem as mesmas coisas e apresentando um único caminho para se trilhar.

Mas Deus criou cada pessoa como única, uma pedra pronta para ser lapidada até se tornar um precioso diamante. Depositou dons, sonhos e capacidade que podem estar adormecidas hoje, mas estão dentro de você.

Deus quer despertar o seu melhor, lhe apresentar o caminho que ele tem traçado desde o ventre da sua mãe e fazer com que você não viva como somente mais uma pedra nesse mundo, mas sim como um diamante único.

As pessoas podem te julgar e até te chamarem de coisas desagradáveis, mas Deus tem um nome reservado para os seus filhos.

> Quem tem ouvidos, ouça o que o Espírito diz às igrejas: Ao que vencer darei eu a comer do maná escondido, e dar-lhe-ei uma pedra branca, e na pedra um novo nome escrito, o qual ninguém conhece senão aquele que o recebe. (Apocalipse 2:17).

Deus tem bons pensamentos a nosso respeito, e vai trazer novidade de vida para você. Mas para isso você tem que estar disposto a ser amigo íntimo de Deus.

Para você se tornar íntimo de alguém você tem que conhecer essa pessoa. Deus mostra na Bíblia a sua essência, o que lhe agrada, o que lhe entristece. Busque conhecê-lo mais e mais todos os dias. "Então conheçamos, e prossigamos em conhecer ao SENHOR; a sua saída, como a alva, é certa; e ele a nós virá como a chuva, como chuva serôdia que rega a terra." (Oséias 6:3).

Outra forma de buscar a Deus é por meio da leitura de bons livros. Além da Palavra de Deus, alimente-se com os clássicos da literatura cristã, que com certeza o ajudará na compreensão das verdades da Palavra. Assim como na questão da tradução bíblica procure por alguém que posso indicar boa literatura cristã a você, ou uma livraria especializada em livros evangélicos.

Além de alimentar sua mente intelectualmente, busque a Deus em oração no seu TSD- Tempo a sós com Deus, conforme Deuteronômio 4:29: "E lá procurarão o Senhor, o seu Deus, e o acharão, se o procurarem de todo o seu coração e de toda a sua alma."

Para se ter intimidade com alguém você precisa passar tempo a sós com essa pessoa. Há coisas que ela vai revelar somente para você e há momentos onde são exclusivos de uma relação íntima e sincera. Da mesma forma é com Cristo. Jesus quer estar próximo de ti, te ajudar a enfrentar os seus medos e guiá-lo em seus caminhos. Tire tempo de oração. Você não precisa de uma oração bonita, com palavras difíceis e cultas, mas simplesmente ser você mesmo, falar o que sente e pensa. Deus quer escutar os seus planos, os seus sonhos e revelar coisas novas para você. Quem é intimo de Deus não vive ansioso, não tem medo das circunstâncias e é mais feliz. Esses são só alguns dos benefícios daqueles que buscam um relacionamento com o Deus vivo.

> Não estejais inquietos por coisa alguma; antes as vossas petições sejam em tudo conhecidas diante de Deus pela oração e súplica, com ação de graças. E a paz de Deus, que excede todo o entendimento, guardará os vossos corações e os vossos sentimentos em Cristo Jesus. (Filipenses 4:6-7).

É importante que você tenha momentos especiais com Jesus, tempo de qualidade. Eu gosto muito de acordar cedo, fazer um café e conversar com Deus. Parece que o dia fica diferente. Outras pessoas têm outros momentos para estar com Deus. A verdade é: Deus sempre está conosco se convidarmos Ele para andar junto de nós. Por isso, você pode conversar com Ele enquanto dirige ou está indo ao trabalho, enquanto pratica sua caminhada ou em qualquer outra situação. Mas Deus reconhece e valoriza quando você se dispõe a ter um tempo de qualidade e especial com Ele.

A oração é tão importante que Jesus, quando esteve na terra, orava constantemente. Toda a sabedoria e todo o poder para operar seus milagres vinha da oração.

Se Jesus era dependente do Pai, quem somos nós para não orarmos? Em diversos versículos a Bíblia narra a vida de oração de Jesus.

> Ele, porém, retirava-se para os desertos, e ali orava. (Lucas 5:16).

> Quando Jesus ouviu sobre o que havia acontecido, ele retirou-se de barco secretamente para um lugar solitário. (Mateus 14:13).

> E quando Ele despediu as multidões, Ele subiu a montanha sozinho a fim de orar. Agora quando a tardinha veio, ele estava lá só. (Mateus 14:23).

> Agora pela manhã, tendo levantado muito antes da luz do dia, ele se foi e partiu para um lugar solitário; e lá ele orou." (Marcos 1:35).

> Agora aconteceu naqueles dias que Ele subiu a montanha para orar, e orou continuamente durante toda a noite a Deus. E quando se fez dia ele chamou os seus discípulos para junto de si; e deles ele escolheu doze a quem ele chamou de apóstolos. (Lucas 6:12-13).

Em tempos de angústia, pois estava se aproximando a hora de ser crucificado, Jesus colocou diante do Pai, em oração, toda a sua dor.

> Então veio Jesus com eles [os discípulos, exceto Judas] a um lugar chamado Getsêmani, e disse aos discípulos:" Sentem-se aqui enquanto eu vou orar ali". E tomou consigo a Pedro e os dois filhos de Zebedeu, e ele começou a entristecer-se e a angustiar-se. Então, ele lhes disse: "minha alma está profundamente triste até a morte. Ficai aqui e vigiai comigo". (Mt 26:36-38).

Ele foi um pouco mais longe e caindo sobre seu rosto, orou, dizendo: "Meu Pai, se for possível, afasta de mim este cálice, não seja porém a minha vontade, mas a Tua". Então ele veio para os discípulos e achou-os dormindo e disse a Pedro: "O quê? Não foi possível a você orar nem uma hora comigo? Vigiai e orai para que não entreis em tentação. O espírito está pronto, mas a carne é fraca". Novamente, uma segunda vez, retirou-se e orou, dizendo: "meu Pai, se não é possível afastar de mim este cálice sem que eu o beba, seja feita a Tua vontade." E ele veio e os encontrou novamente dormindo, porque seus olhos estavam pesados. Então, ele os deixou, foi embora de novo, e orou pela terceira vez, dizendo as mesmas palavras. (Mateus 26:39-44).

A força que Jesus obteve para passar pela sua maior provação, a cruz, também veio da oração.

E apartou-se deles cerca de um tiro de pedra; e pondo-se de joelhos, orava, dizendo: "Pai, se queres afasta de mim este cálice; todavia não se faça a minha vontade, mas a tua". Então lhe apareceu um anjo do céu, que O fortalecia. (Lucas 22:41-43).

A prática da oração deve ser contínua. Observando Tessalonicenses 5:17 que ensina a "orar sem cessar", atendendo 1 Pedro 4:7, "ser sóbrios e vigilantes em nossas orações", seguindo os conselhos de Paulo em Romanos 12:12, sendo "perseverante na oração" e em Colossenses 4:2 "vigilante nela com ações de graças".

É indescritível o poder da oração, mas ao invés de ficar na teoria, por que não experimentar na prática? Toda hora é hora de orar.

Estar com pessoas de Deus

Com certeza você já ouviu aquele dito popular – "diga-me com quem andas que te direi quem és".

A verdade é – pessoas são influências. E elas têm o poder de te influenciar tanto para o bem quanto para o mal. Se você andar com pessoas sonhadoras você começará a gerar sonhos, se andar com pessoas que anseiam mais de Deus você também irá buscá-lo mais. Mas, se você andar com pessoas que falam mal das outras, também será contaminado pela maledicência. Se andar com pessoas mal-humoradas, murmuradoras, se tornará tão negativo quanto elas. Provérbios orienta:

> Não se associe com quem vive de mau humor, nem ande em companhia de quem facilmente se ira; do contrário você acabará imitando essa conduta e cairá em armadilha mortal. (Provérbios 22:24-25).

Associar também traz conotação de amizade, portanto o livro da sabedoria instrui a não andar com pessoas de temperamento corrosivo. Pessoas de Deus são cheias do Espírito Santo e quem tem o Espírito Santo é alegre, é positivo, mesmo quando está passando por dificuldades.

Enquanto você manter laços com pessoas que te remetem ao seu passado, aquilo que você quer deixar para trás, você encontrará muita resistência em ter sua vida transformada. A Palavra diz: "Não vos enganeis! As más companhias corrompem os bons costumes". (1 Coríntios 15:33). O salmista afirma: "Bem-aventurado o homem que não anda segundo o conselho dos ímpios, nem se detém no caminho dos pecadores, nem se assenta na roda dos escarnecedores." (Salmos 1:1).

Pude experimentar grande crescimento em minha vida quando comecei a cultivar amizade com pessoas de Deus.

Nós não conversamos só sobre a vida Cristã. Sabemos contar piada, dar risadas e até temos nossas brincadeiras internas, mas é inevitável que a boca vai falar daquilo que o coração está cheio.

Esses amigos me indicaram pregações incríveis, os melhores louvores. Me ajudaram em dias de dificuldade e a intensidade de busca que eles têm me inspiram a continuar buscando cada dia mais e mais. "Um puxa o outro", um inspira o outro, assim, juntos, estamos construindo uma caminhada muito mais forte.

> É melhor ter companhia do que estar sozinho, porque maior é a recompensa do trabalho de duas pessoas. Se um cair, o amigo pode ajudá-lo a levantar-se. Mas pobre do homem que cai e não tem quem o ajude a levantar-se! (Eclesiastes 4:9-10).

O conhecimento e a busca dos seus amigos em Cristo te ajudará a buscar mais, a aprender mais. Quando você anda com pessoas sábias você também se torna sábio. "Aquele que anda com os sábios será cada vez mais sábio, mas o companheiro dos tolos acabará mal." (Provérbios 13:20).

Algo que é muito forte para o Cristão é o testemunho. O testemunho é Deus dizendo – Filho se eu fiz isso na vida dele eu também posso fazer na sua.

Quando você está andando com pessoas de Deus você sempre estará testemunhando o agir e o mover de Deus na vida delas.

Tenho visto a mão poderosa de Deus agindo diretamente na vida de amigos próximos, seja na área espiritual, sentimental, casamento, profissão e em todas as outras áreas.

Salmos 133 lembra disso: "Oh! Quão bom e quão suave é que os irmãos vivam em comunhão".

Não se engane, haverão dias difíceis em sua caminhada. Dias em que vai dar vontade de largar tudo, onde será difícil encontrar motivos para se levantar da cama. Você pode até mesmo se decepcionar com sua igreja ou com seus irmãos e por isso é muito importante ter ao seu lado uma pessoa que lhe dará conselhos à luz da palavra de Deus.

Quem está no mundo te dará conselhos do mundo. Conselhos do tipo: "Separa mesmo". "Nada que uma bebedeira não cure". "Um amor se esquece com um novo amor."

Decisões erradas podem te fazer ficar em uma situação ainda pior do que a atual, por isso a importância de se tomar conselhos de pessoas sábias. O Salmos 42:7 adverte que "um abismo chama outro abismo", ou seja, se você está em uma situação má e toma uma escolha errada, sua situação tende a piorar ainda mais.

Mas pessoas de Deus vão te confrontar no amor, segundo a palavra de Deus, para que você se torne sábio. Um amigo de verdade confronta, diz a verdade, mesmo quando seja difícil de se dizer. Cuidado com aqueles que só te elogiam, pois somos humanos e cometeremos erros, por isso, esteja aberto a críticas construtivas e valorize quem as dê. A esse respeito Provérbios diz:– "Dá instrução ao sábio, e ele se fará mais sábio; ensina o justo e ele aumentará em entendimento." (Provérbios 9:9). Também diz: "Melhor é a repreensão feita abertamente do que o amor oculto. Quem fere por amor mostra lealdade, mas o inimigo multiplica beijos." (Provérbios 27:5-6).

Nestes momentos de dificuldade é onde você encontra os verdadeiros amigos e alguém que esteja verdadeiramente buscando à Cristo tem amor para dar e vai te ajudar. "O amigo ama em todos os momentos; é um irmão na adversidade." (Provérbios 17:17). "Quem tem muitos amigos pode chegar à ruína, mas existe amigo mais apegado que um irmão." (Provérbios 18:24).

É interessante que o livro de Provérbios, o livro da sabedoria do Rei Salomão, fala diversas vezes sobre a importância das boas amizades. Podemos concluir que seu ciclo de amizades é determinante para você ser sábio ou ser tolo.

Talvez você esteja chegando hoje na igreja sem conhecer ninguém. O que pode ser feito para conhecer pessoas de Deus?

Se envolva onde essas pessoas estão

Você não irá fazer amizade com pessoas de Deus no boteco da esquina, ou em lugares onde o nome de Deus não é celebrado. Assim como para se conseguir um emprego, não adianta apenas orar e esperar que o empregador chegue à sua porta lhe oferecendo um emprego, ninguém chegará lhe oferecendo amizade "do nada".

Oração é a conjunção de dois verbos – Orar + Ação. Da mesma forma se dá com as amizades. Não fique esperando aparecer uma pessoa de Deus em sua vida. Ore para Deus lhe dar amigos que o amam e vá atrás de conhecê-los.

Onde as pessoas de Deus estão?

- **Elas estão na igreja.** "Mete a cara", comece a cumprimentar essas pessoas, se apresente, pergunte com o que elas trabalham, puxe assunto.

- **Elas estão trabalhando na obra.** Por isso se envolva em projetos, ministérios da igreja. Quando você trabalha ao lado de uma pessoa você sempre acabará conversando com ela. Ao final desse trabalho chame seus novos colegas para tomar um café, comer um lanche. Quem sabe eles deixem de ser colegas e se tornem seus melhores amigos?

- **Elas estão buscando a Deus.** A nossa igreja tem um momento de oração matinal. Todos os dias as 6h30min até as 7h30min da manhã muitas pessoas se reúnem para fazer suas orações individuais. Não tenho dúvida de que alguém que acorda as 6h da manhã para falar com Deus esteja buscando verdadeiramente ser de Deus. Esteja nesses lugares e fale com as pessoas. Participe de vigílias, atividades cristãs e conheça pessoas apaixonadas por Deus.

- **Participe de células.** Essa é a maneira que a igreja encontra para entrosar quem está chegando. Eu sou líder de uma célula abençoada. Muitas pessoas que eu não conhecia chegaram pela primeira vez na célula e hoje eles são amigos preciosos. Viajei com alguns, sou padrinho de um irmão, fiz parcerias profissionais com outro, mas o principal, fiz grandes amizades. As células ajudam muito você a se firmar, as pessoas que frequentam se tornam uma família em Cristo. Te encorajo a participar. Na minha célula já saiu namoro, aconteceram casamentos, quem sabe a pessoa que você procura não esteja em uma dessas reuniões?

Pessoas de Deus andam com pessoas e que servem a de Deus.

Se você quer andar com pessoas de Deus, seja você uma pessoa de Deus. Você está no começo da caminhada, é verdade, mas as pessoas vão ver a sua sinceridade em crescer e se tornar uma pessoa em Deus. E na boa? É isso o que mais importa.

Amo conhecer pessoas que reconhecem a sua necessidade por uma vida nova, que estão mergulhando verdadeiramente em conhecer a Deus. Pessoas que tem se esforçado em lutar contra a carne, em dizer não ao pecado e tem buscado a face de Deus. Você será um grande homem e mulher de Deus, pois Deus nunca te desapontará se você verdadeiramente o buscar e se entregar a Ele. O salmista diz: "Entrega o teu caminho ao Senhor; confia nele, e ele o fará." (Salmos 37:5).

Não há elogio melhor do que ser chamado de "uma benção". Deus quer abençoar tua vida, te transformar, mas para isso, a decisão de viver uma vida de benção, está em suas mãos. É bíblico: "Sê tu uma benção". (Genesis 12:2 - segunda parte).

Seja você uma benção.

Seja proativo.

Não adianta pedir para Deus colocar pessoas de Deus em sua vida se você vive no canto, sem cumprimentar ninguém.

Não adianta esperar que um belo dia alguém vai te adicionar no *facebook* e vai começar a conversar com você e perguntar – Quer ser o meu melhor amigo?

Seja proativo. Pegue essas dicas e vá em lugares onde as pessoas de Deus estão. Seja agradável, converse e se entrose. Se você der o passo Deus vai te abençoar com as melhores amizades.

Peça para que Deus coloque pessoas especiais em sua vida, para te ajudar na caminhada. Eu fiz essa oração e hoje desfruto de grandes amizades com grandes homens de Deus.

O Melhor amigo que você pode ter.

Talvez hoje você não tenha um amigo de Deus. Mas você já tem algo muito maior do que isso, você é amigo de Deus.

Jesus é seu amigo, ele é real e está ao seu lado. Você pode desenvolver essa amizade orando, buscando ele.

Quando você for cheio de Deus, cheio do Espírito Santo as próprias pessoas se achegarão a você, pois você vai ter a luz de Cristo, o brilho de Deus.

Em todo tempo Jesus está com você. Tiro tempo de qualidade com Ele durante o dia, cultivando a nossa amizade e intimidade. Faça isso, tenha como o seu melhor amigo, Jesus.

Jesus quer desenvolver uma amizade com você uma amizade. "Eis que estou à porta e bato: se alguém ouvir a minha voz e abrir a porta, entrarei em sua casa e cearei com ele, e ele comigo." (Apocalipse 3:20).

Vai recusar o convite de dar um "rolê" com Jesus? Não perca a oportunidade de cultivar a melhor amizade que você pode ter, uma amizade com o próprio Deus.

Me converti, e aí?

Aprender a dizer não

V ocê, rapaz, quando estava nas festas queria ser conhecido pelas garotas, queria que a "fulana" e a "ciclana" estivessem no seu pé, mas isso não acontecia. Você aceitou a Cristo e decidiu mudar de vida. Como em um passe de mágica, as garotas(os) mais bonitas(os) começam a falar contigo no *Whatsapp,* te adicionam no *Facebook* e curtem suas fotos antigas no *Instagram.*

- Você, garota que, gostava muito de um rapaz. Pode ser que até tenha namorado com ele por um tempo, mas ele machucou seu coração. Não estava nem aí. Você decide entregar a vida para Jesus, mudar seus rumos e escrever uma linda história de ser contada. De repente, esse rapaz começa a te procurar, dizendo que sente sua falta, procurando se aproximar.

- Você sempre gostou de festas, mas nem sempre podia ir por questões financeiras. Decidiu mudar de vida, decidiu seguir a Jesus. Plin! Começam a chegar vários e vários convites para ir em festas com camarote tudo pago, bebida liberada e pessoas bonitas.

- Você trabalha com algo que não é agradável aos olhos de Deus, mas decide largar tudo para seguir a Cristo. Como em um passe de mágica começam a surgir oportunidades de ganhar o dobro, o triplo do que você ganhava para não sair dessa "atividade".

- Você era usuário de drogas, mas decidiu mudar de vida e seguir a Cristo. De repente seus "colegas" começam a te oferecer de graça drogas que antes você tinha que pagar muito caro para ter acesso.

- Você é fumante e decide parar de fumar para seguir a Cristo. De repente, todo mundo ao seu redor está fumando, oferecendo cigarro e a tentação vem. Até mesmo aquele teu amigo mão de vaca, que nunca te ofereceu um trago, começa lhe oferecer.

O motivo pelo qual comecei contando essas histórias é muito simples – É uma constante na vida de muitas pessoas que acompanho.

Satanás, nosso adversário, sabe exatamente daquilo que você gosta. Sabe qual é o seu ponto fraco. Ele não vai vir oferecendo algo que não mexe com você. Ele vai te tentar com aquilo que é quase irresistível aos seus olhos.

Tenha certeza – as tentações virão. E com tentação você não brinca e nem resiste – **<u>Você foge.</u>**

- Se você tinha problemas com festas, não passe de carro na frente das baladas para dar "uma olhada";

- Se você tinha problemas com álcool, não vá em lugares onde as pessoas consomem bebidas alcoólicas;

- Se você namora, não fique a sós com sua namorada em casa, pois "hormônio não se converte";

- Cuidado com redes sociais e quem você segue nelas. Ver foto das pessoas na noite, daquele(a) modelo(a), ver foto da sua paquera não deixa de ser uma tentação;

- Se você tinha problema com drogas, não ande com pessoas com quem você usava drogas, pois é muito possível que eles te convençam e você recaia.

Estes são alguns exemplos de cuidados. Eu não sei qual é o seu inimigo, nem aquilo que você luta contra, mas você sabe. Então não tente ser forte contra aquilo que é a sua fraqueza, simplesmente fuja dela e se agarre em Jesus. "Sujeitai-vos, pois, a Deus, resisti ao diabo, e ele fugirá de vós." (Tiago 7:7).

Resistir ao diabo não é ficar exposto às tentações. Resistir ao diabo é ficar longe delas, é saber dizer não a todo e qualquer convite que você saiba que vai te afastar de Deus.

Satanás não pode te atacar sem a permissão de Deus, pois você está debaixo das asas do Altíssimo. Mas a decisão de estar embaixo das asas do altíssimo é sua. Deus coloca uma cerca de proteção ao seu redor onde o diabo não pode te atacar, e estará seguro em Jesus.

A estratégia de Satanás é te atrair para fora desse local e para isso ele usa a tentação. Um rato não iria parar na ratoeira para ver "qual é que é", mas ele é atraído para a ratoeira, pois é tentado pelo queijo. Um peixe não seria fisgado por anzol do nada, mas ele é fisgado, pois tem uma minhoca ou algo que lhe atrai a atenção. Essa é a mesma estratégia que Satanás usa para te fisgar e não se iluda, ele veio para nos destruir!

Não flerte com o que pode te destruir. Quando vem um pensamento em sua mente, uma vontade de algo que você sabe que não vem da parte de Deus, você não está pecando - tentação em si não é pecado. Mas o que você faz com ela, ainda na sua mente, é que define se está ou não contra Deus. Caso continue alimentando esse pensamento você começa a criar o pecado, a alimentá-lo, como se estivesse negociando em sua mente em cometê-lo. Um pecado não nasce com uma ação, ele se concretiza através de uma ação. Mas Deus nos deu armas para lutarmos contra esses pensamentos. "Porque as armas da nossa milícia não são carnais, mas sim poderosas em Deus para destruição das fortalezas; Destruindo os conselhos, e toda a altivez que se levanta contra o conhecimento de Deus, e levando cativo todo o entendimento à obediência de Cristo;" (2 Coríntios 10:4).

Quando o pensamento surge você pode se opor a ele, pedindo para o Espírito Santo lhe ajudar a tirá-lo da sua mente. Nosso campo de batalha é na mente e a forma como você pensa vai determinar as suas ações. Leia a Romanos. 12:2.

> "A forma com que você pensa determina a forma que você sente. A forma que você sente determina a forma que você vai agir." – Rick Warren.

Há táticas de como vencer pensamentos negativos que se opõe a natureza de Cristo, tudo com base bíblica.

Usar a palavra de Deus para combater esses pensamentos é essencial. Em Efésios 6:17 a palavra diz que a espada do espírito é a palavra de Deus. Use a sua espada para atacar pensamentos contrários ao conhecimento de Deus.

Devemos fugir das tentações, não tente resistir e nem ficar exposto. Mas caso elas te encontrem, saiba que Jesus pagou um preço para que você supere qualquer tentação.

A tentação é elemento constante na ação de Satanás, tanto que até Jesus foi tentado quando estava no deserto

(Mateus 4). Jesus venceu essas tentações, rebatendo toda oferta do inimigo com a palavra de Deus. Com a vitória de Jesus sobre as tentações o caminho foi aplanado para que nós também tenhamos êxito contra as astúcias de Satanás. "E assim, tendo concluído todo o tipo de tentação, o Diabo afastou-se dele até o tempo oportuno. Jesus volta pleno do Espírito." (Lucas 4:13).

E o que lhe dá forças para superar a tentação? Uma vida de oração. Jesus alerta os seus discípulos acerca desta poderosíssima arma: "Chegando ao lugar, Jesus lhes instruiu: "Orai, para que não venhais a cair em tentação." (Lucas 22:40).

Pode ser que você venha a ter dificuldades em sua caminhada. Muitas vezes sentimentos de voltar para a velha vida irão pairar sobre sua cabeça, mas saiba que essa não é mais uma opção. Hoje você está do outro lado, saiu do exército do mundo e se alistou ao exército de Cristo, e um soldado desertor nunca mais será bem recebido no seu antigo batalhão. Lembre-se disso todas as vezes que vier uma vontade de voltar ao mundo – você não pertence mais a este lugar.

> Não vos sobreveio tentação que não fosse comum aos seres humanos. Mas Deus é fiel e não permitirá que sejais tentados além do que podeis resistir. Pelo contrário, juntamente com a tentação, proverá um livramento para que a possais suportar. (1 Coríntios 10:13).

Peça para Deus lhe dar força para dizer **NÃO** aos convites que surgirão. Peça que lhe dê sabedoria e entendimento para fazer escolhas que edifiquem, a fim de que você venha a fugir das tentações. E se firme na palavra de

Deus e em oração para que, mesmo quando vierem as tentações, você não venha a se desviar dos caminhos do Senhor.

Reconhecer o que precisa ser mudado

Você tem frequentado os cultos, aprendido sobre a palavra de Deus, vêm lendo a bíblia e começa a perceber – o quão longe nossos caminhos estão dos caminhos de Deus.

A palavra de Deus, quando pregada em verdade, nos confronta, pois, a natureza humana é pecaminosa e a palavra é um filtro que mostra-nos toda impureza que há em nosso coração e em nossas atitudes.

Seja você é um recém-convertido ou tem anos na caminhada uma coisa é certa – há sempre coisas para serem mudadas em nossos caminhos, sempre há o que se alinhar para sermos moldados à imagem de Cristo.

Dependendo de como era sua vida antes de conhecer a Cristo existem coisas muito evidentes para serem mudadas. Talvez você tenha amizades destrutivas que, desde logo, devem ser cortadas ou o seu trabalho seja totalmente contra o desejo de Cristo para a sua vida.

Você pode ter conhecido a Cristo ainda com alguns vícios, dificuldades ou problemas que precisam ser resolvidos.

Mas o primeiro passo para que Deus comece a operar uma transformação em sua vida é **reconhecer o que deve ser mudado**.

> E se o meu povo, que se chama pelo meu nome, se humilhar, e orar, e buscar a minha face e se converter dos seus maus caminhos, então eu ouvirei dos céus, e

perdoarei os seus pecados, e sararei a sua terra. (2 Crônicas 7:14).

Reconheça para Deus as suas dificuldades e mostre um anseio verdadeiro pela transformação. Deus te ama, mesmo quando você estava no pecado – agora é a sua vez de corresponder a este amor fazendo a escolha de uma vida santificada.

O primeiro passo para se santificar é reconhecer as dificuldades e falhas, pedindo perdão por elas. Chame Cristo para te fortalecer e abençoar sua caminhada, ele irá mostrar tudo o que não lhe agrada e instruirá quais posicionamentos você deve tomar.

Com o tempo você não terá pecados tão perceptíveis no seu exterior, como vícios ou atitudes que desonram a Deus, mas o pecado continua de forma sutil. São pecados comportamentais ou na mente, alguns deles somente você conhece – como a inveja, orgulho, ganância, crítica e maledicência.

Esses pecados são mais difíceis de serem extraídos, é como um *deck* no mar onde a "craca" se instala – você raspa, raspa essa "craca" mas ela é mais difícil de ser tirada. Mas a boa notícia é que Jesus nos deu força para mortificar o pecado, nos tornando cada dia mais parecidos com ele. Para isso, precisamos utilizar de nossas armas – Leitura da palavra, jejum e oração.

> Agora estarão abertos os meus olhos e atentos os meus ouvidos à oração deste lugar. Porque agora escolhi e santifiquei esta casa, para que o meu nome esteja nela perpetuamente; e nela estarão fixos os meus olhos e o meu coração todos os dias. (2 crônicas 7:15-16).

Todos nós desejamos o favor de Deus sobre nossa vida. Queremos que nossas orações sejam respondidas, ansiamos que os olhos e ouvidos Dele estejam atentos sobre nossas vidas. Esse versículo é a continuação de 2 crônicas 7:14, portanto, se você se humilhar perante a Deus, reconhecendo os seus pecados e falhas, buscando uma verdadeira mudança de vida, Deus irá ouvi-lo e continuará a fazer Sua obra em ti. Basta ter posicionamento e agir, pois, ele resiste aos soberbos, mas dá graça aos humildes.

Confesse seus pecados a Deus, peça ajuda para seu Pastor, líder ou um cristão maduro. Você vai vencer tudo aquilo que lhe prende.

Me converti, e aí?

Primeiro se firmar,
para depois impactar

Você encontrou um grande tesouro. Descobrir os caminhos do Senhor é algo valiosíssimo que muda totalmente o viver. A palavra de Deus é a própria sabedoria e o rei Salomão o sabia bem.

> Adquirir a sabedoria vale mais que o ouro; antes adquirir a inteligência que a prata. (Provérbios 16:16).

> Pois a sabedoria é muito mais proveitosa que a prata, e o lucro que ela proporciona é maior que o acúmulo de ouro fino. (Provérbios 3:14).

> Porquanto, melhor é a sabedoria do que as mais finas joias, e de tudo o que se possa ambicionar, absolutamente nada se compara a ela! (Provérbios 8:11).

> Busca a sabedoria, procura obter entendimento e não te esqueças das palavras da minha boca, tampouco delas te afaste... (Provérbios 4:5-7).

Essa lição também foi ensinada pelo Salmista e pelo Apóstolo Paulo.

> Por isso amo teus mandamentos muito mais que o ouro purificado. (Salmos 119:127).

> Mais do que isso, compreendo que tudo é uma completa perda, quando comparado à superioridade do valor do conhecimento de Cristo Jesus, meu Senhor,

por quem decidi perder todos esses valores, os quais considero como esterco a fim de ganhar Cristo. (Filipenses 3:8-9).

Parabéns, você realmente encontrou algo de valor imensurável, que é conhecer a Deus, o autor da vida e a própria sabedoria. É claro que você quer dividir esse tesouro com as pessoas que você ama, família, amigos e pessoas próximas – e você está certíssimo em fazê-lo! Mas calma! Primeiro se firme na caminhada, para depois impactar.

Muitos ao se converterem buscam falar de Deus para todos os que conhecem, e não há nada de errado nisso, mas se preocupe em primeiro lugar com a sua edificação.

Há muita coisa para você aprender, há muitas coisas para serem trabalhadas em seu interior e tem toda uma transformação que Deus vai operar em sua vida.

Muitas pessoas se perderam dos caminhos do Senhor ao buscar trazer aqueles seus amados que estavam perdidos, pois não tinham uma base sólida para fazê-lo. Ainda não possuíam firmeza para influenciar o ambiente onde se encontravam e acabaram sendo influenciados pelo mundo.

Fique calmo – É interesse de Deus que você venha a impactar o ambiente onde você está inserido e é questão de tempo que Ele o faça.

A medida em que você for se tornando um grande homem ou uma grande mulher de Deus não precisará dizer nada para os outros – a sua própria transformação, o seu testemunho e as suas atitudes vão falar por si só.

Pessoas que me conheciam no passado veem nitidamente que hoje eu sou outra pessoa. Eu era alguém sem autocontrole, egocêntrica, tímida, indisciplinada e insegura, mas Deus foi trabalhando nesses pontos e hoje apresento características totalmente opostas. Há coisas que Ele ainda está trabalhando em minha vida, meu testemunho está sendo construído, mas o que já foi trabalhado até aqui é um testemunho para as pessoas que convivem comigo a mais tempo.

O Pastor Bigardi diz que "as suas atitudes chegam antes do que as suas palavras", portanto foque primeiro em se transformar e o impacto será maior quando você falar de Jesus para as pessoas.

O testemunho é uma arma poderosíssima para mostrar como Deus opera. Quando alguém que nunca se envolveu com o crime vai falar com infratores, estes não dão a devida importância, pois ele não está inserido àquele mundo. Mas quando uma pessoa que teve um longo histórico no crime se entrega a Jesus e tem uma transformação em sua vida, este tem muito mais autoridade para falar, pois viveu aquela realidade.

O testemunho dá autoridade, aquilo que você venceu em sua vida lhe dá legitimidade de causa para falar e inspirar outras pessoas a vencer. O testemunho nada mais é que Deus mostrando para as pessoas – Eu fiz isso na vida dele então também posso fazer na sua. O que é a bíblia se não um grande conjunto de testemunhos do poder de Deus?

Mas não é só o testemunho que impacta, como também o conhecimento de Deus. Quando você for evangelizar alguém irá se deparar com vários tipos de pessoas. Algumas vão lhe fazer perguntas para saber mais sobre a sua nova vida, outras lhe farão perguntas para te atacar. Por isso é importante estar firmado e aprendendo sobre Deus. Aquele que estuda a palavra sempre vai ter subsídios para evangelizar bem, responder as dúvidas e resistir a possíveis ataques.

É importante ser constante e quando você estiver firme vai alcançar a constância. Muitas pessoas vão achar que sua conversão é um modismo, "fogo de palha", mas Deus vai lhe firmar e elas mesmas vão ver a obra que Deus está fazendo em sua vida.

Esteja firmado na rocha. Na vida ocorrerão tempestades, se você não tiver bem fundamentado as tempestades podem derrubar a obra que está sendo feita em sua vida.

> Por que vocês me chamam "Senhor, Senhor" e não fazem o que eu digo? Eu lhes mostrarei a que se compara aquele que vem a mim, ouve as minhas palavras e as pratica. É como um homem que, ao construir uma casa, cavou fundo e colocou os alicerces na rocha. Quando veio a inundação, a torrente deu contra aquela casa, mas não a conseguiu abalar, porque estava bem construída. Mas aquele que ouve as minhas palavras e não as pratica, é como um homem que construiu uma casa sobre o chão, sem alicerces. No momento em que a torrente deu contra aquela casa, ela caiu, e a sua destruição foi completa. (Lucas. 6:46-49).

Esteja buscando viver verdadeiramente os caminhos de Deus e se esforce em crescer – você estará criando alicerces. Se firme na rocha e não seja um cristão superficial, desta forma estará firme e seguro contra qualquer situação que a vida possa lhe causar.

Firme-se na caminhada, torne-se um testemunho vivo, seja uma benção e sinta o prazer de tocar vidas com o seu testemunho. Mas lembre-se que somos chamados para pregar sobre Jesus Cristo para toda a criatura em todas as partes do mundo. Por isso não ande ansioso, espere o tempo de Deus, pois há um tempo certo e determinado para cada coisa.

Se envolver com a obra

Esta é uma decisão importante – Se envolver com a obra de Deus. Há muitas pessoas para serem alcançadas e experimentar a mesma alegria que você tem sentido. Para isso é importantíssimo contribuir com a obra.

Jesus falava sobre as pessoas a serem alcançadas como uma grande plantação, pronta para ceifa ou colheita. "Então disse aos seus discípulos: A seara é realmente grande, mas poucos os ceifeiros. (Mateus 9:37). "Eu, porém, vos afirmo: erguei os olhos e vede os campos, pois já estão brancos para a colheita." (João 4:35).

Para pessoas serem alcançadas é importantíssimo estar envolvido com o papel que Deus espera que você execute. Cada pessoa tem um chamado pessoal para desenvolver uma obra, algo atribuído tão somente a você. Há todo um processo de amadurecimento e preparação até que Deus lhe use no propósito específico para o qual você foi criado, mas até chegar lá Ele vai te usar de outras maneiras.

Deus não escolhe ninguém que está parado – Busque estar trabalhando na obra, falando de Deus para as pessoas do seu trabalho e sendo excelente em tudo o que fizer.

Deus procura por pessoas que façam a diferença em todos os âmbitos, para serem testemunhos vivos do seu poder, pessoas que serão luz do mundo e sal da terra. Como você pode fazer a diferença?

- **No trabalho**: Busque ser o melhor funcionário que puder. Chegue cedo, trabalhe com excelência, não se reúna para falar mal de colegas e execute da melhor maneira possível tudo o que lhe for proposto;

- **Nos estudos**: Seja pontual, estude, tire boas notas, seja um aluno disciplinado e solícito. Respeite os professores e os colegas;

- **Em família:** Seja o melhor filho/pai/mãe/irmão que puder. Reclame menos, seja mais atencioso com a família, busque fazer a diferença em sua casa e valorize aqueles que estão sob o mesmo teto;

- **Na igreja:** Busque se envolver em seu ministério somando a ele, trazendo ideias e se prontificando em ajudar em tudo o que puder. Seja solícito aos seus líderes e pastores;

- **Em seu relacionamento:** Seja o melhor amigo/marido/esposa/namorado/namorada que puder, buscando se aperfeiçoar cada dia mais e descobrindo o que move o seu companheiro. Dê elogios sinceros, extraia o melhor do outro.

A Bíblia nos conta a história de Davi. Ele apascentava as ovelhas de seu pai, mas era rejeitado por toda a sua família. No lugar de Davi, muitas pessoas reclamariam da vida, iriam questionar a Deus ou não se esforçariam para cuidar das ovelhas. Mas Davi atuava de uma forma completamente diferente:

- Ele glorificava e adorava a Deus através de Salmos – Grande parte dos Salmos da Bíblia foram compostos por

Davi. Este, mesmo antes de se tornar rei, já tocava harpa consagrando músicas ao Senhor.

- Era solícito com seu pai e seus irmãos – Davi era uma pessoa que tinha todos os motivos para reclamar do tratamento que a família lhe proporcionava. Mas ele tratava bem a sua família, como podemos ver um pouco antes dele enfrentar Golias, ele tinha ido até o campo de batalha levar alimento para seus irmãos.

- Ele era diligente ao cuidado das ovelhas de seu pai – Davi para defender o rebanho de seu pai enfrentou leão e urso. Imagine-se sendo maltratado por sua família, sem ter reconhecimento e aparece um urso querendo devorar as ovelhas daqueles que não lhe dão valor. Você arriscaria a sua vida para protegê-las, ou daria uma bela desculpa?

Davi foi tão excelente em sua vida que mesmo quando estava sendo perseguido pelo rei Saul, e teve oportunidade para matá-lo, não o fez, pois tinha temor do Senhor, respeitava e honrava a vida daquele que Deus escolheu para ser rei.

Não é à toa que Davi se tornou o mais conhecido rei de Israel, até hoje a sua história é objeto de intenso estudo. Davi agradou tanto o Senhor que o filho de Deus, Jesus Cristo, foi chamado de filho de Davi.

Davi pode ser uma inspiração para fazer o melhor que você puder em todas as suas empreitadas, porém somente Jesus é o modelo perfeito! Talvez você ainda não esteja onde quer estar, mas isso não o impede de ser o melhor que puder em sua igreja, no seu trabalho ou em sua família.

Assim como Deus tinha uma obra na vida de Davi ele também tem uma obra para a sua.

Descubra e desenvolva o seu chamado.

Todos fomos criados com um propósito, que é conhecido como chamado ou vocação.

Para você se tornar quem Deus lhe criou para ser demandará tempo, esforço e capacitação. Dificilmente, muito improvável mesmo, que do dia para a noite o seu chamado se concretize. Na maioria das vezes isso irá lhe custar anos, estudo, consagração e escolhas. Porém, nesse processo, você pode aprender muitas coisas, levar a palavra para muitos lugares e viver capítulos incríveis de sua vida.

Para se iniciar uma jornada é preciso saber, no mínimo, onde se quer chegar e esse é um ponto fundamental – você deve buscar em Deus qual o seu chamado.

Quando você descobre o porquê você nasceu, a sua vida ganha todo o sentido. Mark Twain diz que "os dois dias mais importantes da sua vida são: o dia em que você nasceu, e o dia em que você descobre o porquê."

Seu propósito lhe dá combustível para fazer escolhas, para pagar preços, para dizer não quando necessário e foco para investir em você mesmo.

Cumprir o chamado que Deus têm para a sua vida vai lhe exigir tempo, estudo, experiência e prática, mas vale a pena saber que você está fazendo exatamente aquilo que lhe foi proposto pelo autor da vida.

Há diversas formas de se envolver na obra.

Quando se fala em trabalhar para o reino de Deus logo se pensa em ser um Pastor, um Ministro de louvor ou alguém envolvido na obra em tempo integral. Essas também são formas de estar envolvido na obra, mas a verdade é que Deus conta com que todos façam sua parte, independente de qual seja o seu chamado.

Você pode ajudar em ministérios de sua igreja, contribuir com missões através de seus recursos financeiros, levar a palavra para quem ainda não conhece ou ir para asilos, prisões, hospitais e casas de recuperação levando o amor de Deus para quem está em busca de esperança.

Enquanto escrevo esse livro sou advogado, milito na cidade de Londrina e tenho meus clientes. Estudo e me aperfeiçoo no conhecimento jurídico, mas isso não me impede de estar fazendo a obra de Deus. Tive oportunidade de levar a palavra para muitas pessoas através da célula, por exemplo, e indo em casa de recuperação para levar o amor de Deus, trabalhando em ministérios de minha igreja. Também contribuí para o reino de outras formas como ajudas financeiras, me envolvendo com a zeladoria da igreja, tirando fotos no culto, evangelizando na rua e ajudando a desenvolver ações para alcançar pessoas.

O Brasil precisa de políticos que vão impactar a nação, talvez você seja o próximo Presidente do Brasil. Precisamos de bons médicos, juízes, engenheiros, professores envolvidos na construção de uma sociedade mais igualitária e justa.

Precisamos de melhores funcionários, atendentes, operadores de praça de pedágio, zeladores, pedreiros, artistas – todas as profissões necessitam de pessoas que vão desempenhar o seu papel da melhor maneira possível, sempre com um sorriso no rosto, trabalhando em honestidade e levando o amor de Cristo.

Fazer bem feito ou fazer mal feito custa quase o mesmo esforço, mas o trabalho bem feito será lembrado. Em Eclesiastes, Salomão adverte o quão importante é realizar o seu trabalho com excelência.

Tudo quanto te vier à mão para fazer, faze-o conforme as tuas forças, porque na sepultura não há obra nem projeto, nem conhecimento, nem sabedoria alguma. (Eclesiastes 9:10). –

Davi era somente um pastor de ovelhas e Deus o levantou como o maior rei de Israel. Gideão era o menor, da menor família, da menor tribo de Israel, mas se tornou um herói da nação. Pedro era somente um pescador, mas se tornou um grande apóstolo, líder da igreja primitiva. Quem está disposto a ser usado por Deus nessa geração? Se você quer, leia em voz alta:

"Senhor, eis-me aqui. Usa-me para impactar todo aquele que o Senhor colocar em meu caminho. Me usa como um instrumento de transformação. Me molde para eu ser usado como o Senhor quiser. Mostre-me para qual propósito eu fui criado e me capacite para que eu possa corresponder a minha chamada."

Talvez Deus lhe faça grande e muito conhecido, ou talvez você não seja tão conhecido mas vai impactar a sua família e todos ao seu redor, o importante é fazer aquilo que Deus lhe chamou para fazer. Sua recompensa, por toda obra realizada, estará te esperando na eternidade.

Se o que alguém construiu permanecer, esse receberá recompensa. (1 Coríntios 3:14).

Regozijem-se nesse dia e saltem de alegria, porque grande é a sua recompensa no céu. Pois assim os antepassados deles trataram os profetas. (Lucas 6:23).

Alegrem-se e regozijem-se, porque grande é a sua recompensa nos céus, pois da mesma forma persegui-ram os profetas que viveram antes de vocês. (Mateus 5:12).

Tenham cuidado, para que vocês não destruam o fruto do nosso trabalho, antes sejam recompensados ple-namente. (2 João 1:8).

sabendo que receberão do Senhor a recompensa da herança. É a Cristo, o Senhor, que vocês estão servin-do. (Colossenses 3:24).

Descubra o que Deus lhe chamou para fazer, seja ex-celente em todas as empreitadas em que se envolver e tu-do o que fizer, quer comais, quer bebais, faça para a honra e para a glória de Deus.

Me converti, e aí?

Buscar sabedoria

Um dos maiores benefícios que a Bíblia pode lhe oferecer é a sabedoria. A palavra diz que o Espírito Santo é a própria sabedoria e pela sabedoria todo o mundo foi criado.

Livros como Eclesiastes, Salmos e, principalmente, Provérbios são recheados da sabedoria de dois grandes homens de Deus – Davi e seu filho Salomão, conhecido como o homem mais sábio que já existiu.

Outros grandes homens sábios foram Tiago, Pedro, João e Paulo – trazendo ensino para as gerações pós-crucificação.

Mas o homem mais sábio de todas as escrituras foi Jesus, pois ele conseguiu ser plenamente cheio do Espírito Santo que é a verdadeira sabedoria.

Jesus foi um homem simples e a sabedoria exige simplicidade, pois ela resiste à soberba e é encontrada em pequenas coisas.

Uma pessoa que acha que sabe de tudo não é sábia. Falta sabedoria, também, àquele que não quer ouvir outras pessoas, julgando-as através de pré-conceitos.

A verdade é que cada pessoa teve experiências e tem uma visão de mundo completamente diferente da sua. A perspectiva de cada um é única, pois Deus colocou atributos específicos em cada indivíduo. Cada um nasceu em uma família diferente, em tempos diferentes, com gostos diferentes e oportunidades diferentes – por isso cada conversa, com cada pessoa, pode lhe acrescentar muito em seu repertório de conhecimento. É como se um mundo novo lhe fosse apresentado em cada aperto de mão.

Por isso, não cometa o erro de receber com desdém algum conhecimento ou ensinamento, por mais que você não concorde, pois em tudo você pode tirar uma lição.

É muito comum ouvir em igrejas comentários do tipo: "Se eu soubesse que não era o Pastor que ia pregar hoje eu não teria vindo"; ou "Não acredito que colocaram irmão fulano para pregar, quem é ele? Que experiência ele tem?"

Esse tipo de pensamento automaticamente vai refrear a tua receptividade para o que vai ser pregado. Não importa o quão bom e quão direcionado pelo espírito santo seja o sermão – Se você receber o emissário da mensagem desta forma automaticamente estará limitando a absorção do conhecimento – e o único prejudicado é você.

O segredo para ser alguém sábio é ser curioso e manter-se ensinável. Tente aprender de tudo um pouco. Faz bem ter conhecimento geral, saber um pouco de cada coisa. Temos a Bíblia como nosso estandarte, a base sólida de todo conhecimento e sabedoria necessários para nossa vida. Mas há outras fontes de conhecimento que podem somar ao seu crescimento.

Há muitos autores que vêm somando no meu crescimento espiritual, há livros que têm o poder de melhorar sua percepção das escrituras – peça para seus líderes lhe indicarem alguns bons livros.

Outros livros podem não ser cristãos, mas vão lhe dar bagagem de conhecimento e história, como livros sobre liderança e organização pessoal, livros profissionais e até romances ou biografias que não deturpem os princípios cristão.

Particularmente, gosto muito de biografias. Elas contam histórias de personagens que se destacaram e o que posso notar é que todos pagaram um preço para chegar ao sucesso. Escolheram acreditar em seus sonhos, não desistindo quando as coisas iam mal. Foram ousados e investiram em crescimento e conhecimento. Se comprometeram com sua visão e alcançaram lugares altos. Se você tiver sabedoria, estiver comprometido com Deus e trabalhar com excelência não há limites para os sonhos que você pode alcançar.

Eu estou comprometido em ter um crescimento pessoal em sabedoria. Todos os dias oro para o Espírito Santo me equipar com sabedoria. Outra prática que faço é meditar no Provérbio do dia. Como funciona?

O livro de Provérbios possui 31 capítulos, o mesmo número de dias da maioria dos meses. Eu leio o capítulo correspondente ao dia, por exemplo – se hoje é dia 22, leio Provérbios 22. Faço uma primeira leitura de reconhecimento e na segunda seleciono, no mínimo, 3 versículos que me impactaram e medito neles. Posso constatar que tenho obtido um grande crescimento ao fazê-lo.

Me converti, e aí?

Ouvir, aprender e praticar

Esse é um trinômio para o sucesso na vida espiritual. Ouvir, aprender e praticar.

Muitas vezes ouvimos pregações, até lemos a palavra, mas não colocamos isso no coração. Para aprender algo é necessário se esforçar, colocar isso dentro do seu coração e da sua mente. Algumas pessoas aprendem com mais facilidade, outros precisam fazer anotações ou outras técnicas para fixar o conteúdo pregado ou lido.

Eu gosto de fazer anotações em todos os cultos que vou. Na minha leitura Bíblica transcrevo os versículos mais impactantes e faço anotações e marcações na própria Bíblia.

Mas não adianta você ouvir e aprender se não colocar em prática. A palavra é viva e eficaz, se você viver o que é pregado, o que foi ensinado, sua vida irá mudar.

Muitas pessoas passaram por mim na vida Cristã. Posso dizer que todas que colocaram este trinômio em prática obtiveram crescimento e uma vida mais próspera.

A prosperidade não é ganhar dinheiro e nem está relacionada somente à questão financeira. Prosperidade é ir bem em todas as áreas de sua vida, experimentando um crescimento sustentável. Uma pessoa próspera está bem com ela mesma, tem um nível de contentamento com seu trabalho e área financeira, está de bem com sua família e, principalmente, está buscando cada dia mais de Deus.

Nosso Pai tem todo o interesse de que venhamos a viver uma vida plena e é exatamente por isso que há princípios Bíblicos, leis espirituais e ordenanças. Deus não é um ser legalista - o legalismo é algo inerente à Satanás –

mas sim, um Pai que ama tanto os seus filhos que estabeleceu todo um sistema justo para seguirmos e sermos bem-aventurados.

Quando se conhece, aprende e vive o que Deus lhe propõe você pode começar a experimentar uma vida plena. A plenitude não é ausência de problemas, muito menos uma vida de luxo ou de extrema abundância. O que muda não são os seus recursos (embora Deus também abençoe nessa área), mas sim a sua forma de ver o mundo, o jeito de pensar, o jeito de ver o próximo.

Quanto mais perto você chegar de Cristo, menos você vai se importar em como os outros te veem, mais você vai se importar em ajudar o seu próximo e você irá transbordar de amor. A transformação de Cristo tira sua essência egoísta para que você se torne altruísta.

Um verdadeiro Cristão simplifica a sua vida e vive em humildade. Infelizmente as pessoas tem conceitos errôneos de simplicidade e humildade. Muitos creem que ser simples e ser humilde é sinônimo de não ter posses, não ter títulos ou de se abster de uma condição material. Mas a verdade é que há muitas pessoas que não tem condições financeiras e nem cargos importantes e não são nada simples e nem humildes. E há pessoas que conquistaram grandes coisas aos olhos naturais, mas mantêm humildade e simplicidade em tudo o que faz.

Simplicidade é ser mais parecido com Jesus, a sua essência é simples. Ser simples é descomplicar a vida, sendo solícito e enxergando as circunstâncias com bons olhos. Jesus nos instrui para sermos puros como crianças. Ele também era humilde – mesmo sendo Deus veio ao mundo, sentiu na pele o que sentimos todos os dias para nos servir e permitir que viéssemos a ter uma vida redimida com o nosso Pai. Humildade é valorizar o seu próximo, seja ele quem for.

Cornel West define humildade: "Humildade significa duas coisas. Uma, a capacidade de autocrítica... e a segunda característica é permitir que os outros brilhem, afirmando-os, capacitando-os e ajudando-os."

Por isso, ouça atentamente tudo o que lhe ensinam, se esforce em aprender e coloque em prática. Te garanto que você irá viver o melhor tempo da sua vida.

O que indicamos na Parte I foram princípios práticos aplicáveis em qualquer contexto histórico – cultural, e agora na Parte II, apresentaremos devocionais como sugestões para que possa lê-las, a partir dos temas proposto, e no tempo que determinará. As devocionais seguem uma progressão iniciada na grande má notícia de que todos somos pecadores, apontando para um Deus redentor, que escolheu seus filhos e filhas para uma vida de relacionamento com Ele, baseado no único fato de que fomos aceitos em Seu amor incondicional e imensurável, e na certeza dada por Ele, que estará com você todos os dias da sua vida!

Nunca se esqueça: Ele sempre estará com você! Confie, descanse e ajeite sua vida n'Ele!

Me converti, e aí?

Parte II

Começando de novo

"Esquecendo-me das coisas que ficaram para trás..." (Fl. 3:13).

Decisões erradas marcam negativamente o nosso coração. Muitos ainda estão presos e encarcerados dentro de si por pecados específicos e, caso não for tratado, se prolongará por toda a vida, inibindo todo o potencial dado por Deus.

Conheci pessoas que foram enganadas e entregaram-se antes do tempo crendo em promessas mentirosas. A sensação de ser usada e descartada ecoa no coração como caixa acústica. O coração adoece, a dor permanece e a insegurança toma conta.

Onde o poder do pecado domina há dor, sofrimento, ansiedade, e perca da alegria. Sonhos são destruídos devido a força da prática do pecado. A humanidade nasceu em pecado e como pecadores por essência pecam como reflexo natural do que são!

O relacionamento sadio do namoro, noivado e casamento é transmutado em exploração e objetificação do outro! Por causa do pecado perde-se de vista a humanidade, vendo-o como mais um utensílio para ser usado e descartado. Todavia...

Isso mesmo... sempre há um "todavia" de Cristo que gera recomeços na jornada da vida. É Cristo quem faz com que deixemos os erros para trás e caminhemos para uma vida de paz, alegria e esperança. Se o pecado é forte o suficiente para dominar nossos desejos, Cristo é infinitamente mais poderoso para nos redimir da culpa, e gerar paz no coração!

Deixe tudo para trás e prossiga para um novo tempo!

Você não é um fracasso

"Não temas, porque eu te remi; chamei-te pelo teu nome, tu és meu." (Is. 43:1).

Seus erros não te definem! Você não é visto por Deus, a partir dos seus fracassos, e sim, pela graça d'Ele, que ama incondicionalmente.

Fomos ensinados pela religião que Deus trabalha com causa e efeito, ou seja, se pecamos seremos condenados, e se somos bonzinhos, seremos abençoados. Esse tipo de relacionamento só gera a sensação de fracasso porque não conseguimos ser bons o suficiente.

Quando não alcançamos nossas metas, não passamos no vestibular, ou não conseguimos namorar, nos sentimos impotentes! Às vezes, a vontade é jogar tudo para o alto e sair correndo para longe.

A vida sempre terá altos e baixos e a grande sacada é saber reagir a essas circunstâncias como vencedor e não como derrotado. Se você desistir quando a coisa ficar feia, se sentirá frustrado para o resto da vida, porém se souber lidar com os desapontamentos, conseguirá se levantar como vencedor, forte e capaz para superar os desafios da existência.

Pense no maior fracasso da sua vida. Pensou? Então... esse fracasso não representa nada para Deus, pois Ele o vê como vencedor. Precisa apenas apropriar-se dessa verdade e aprender com as perdas, erros, fracassos, e levantar para tentar mais uma vez, e mais uma e mais uma...

Mantenha-se firme. Você não é um acidente do acaso ou de um relacionamento não planejado. Você é um filho de Deus!

Seus "vacilos" não te definem

"Jesus disse à mulher: 'Sua fé a salvou; vá em paz'."
(Lc. 7:50).

Uma certa mulher "pecadora", entenda-se "prostituta", aproxima-se de Jesus. Os fariseus que eram bem moralistas afirmaram que se de fato Jesus fosse um profeta saberia qual a verdadeira identidade dela.

Aqueles fariseus tinham um olhar diferente ao de Jesus. Enquanto eles a criticavam no coração, Jesus aceitava suas lágrimas. Quando a angústia do coração está demais, começamos a chorar e depois falamos. Aquela mulher estava totalmente fragmentada no seu ser.

Talvez, ao se prostrar aos pés de Jesus, tenha pensando em todos os homens que conhecera e o quanto eles foram maus com ela, o quanto foi enganada e machucada no corpo e na alma. Porém, ela viu em Jesus um homem diferente. Não os homens que a tocaram e destruíram sua vida, mas um homem ideal, capaz de gerar vida no coração cansado da vida!

O olhar de Jesus para ela é o mesmo que para você. Qual foi o rótulo que grudaram em você? "Feio", "incapaz", "aquela que todo mundo pega"? Sabe, não importa o rótulo, o importante é nos pés de quem você se prostra! Aos pés de Cristo! Aquela mulher ajoelhou-se diante de Jesus como prostituta e se levantou como filha de Deus simplesmente porque o olhar d'Ele para ela foi diferente do olhar dos outros. Seus erros não te definem, mas a graça de Deus sim!

Levante-se e encontre paz em Jesus.

O ciclo vicioso do pecado

"Não abandonavam suas práticas nem sua obstinação." (Jz. 2:19).

O livro de Juízes apresenta o ciclo vicioso do pecado. Funciona a partir da métrica de: pecado, punição e arrependimento.

Você já se sentiu hipócrita quando errou e prometeu não fazer de novo, mas fez? Daí... com firmeza moral diz: "foi a última vez", e de repente, fez de novo! Poxa! Passa um tempinho e enfatizamos que nunca mais acontecerá... até que... faz novamente. Esse é o ciclo vicioso do pecado que gera hipocrisia, culpa e ansiedade.

O pecado é algo tão sério que Jesus teve que morrer na cruz para livrar-nos disso. O poder do pecado é tão avassalador que cria uma prisão espiritual e emocional irrompível. É uma luta vencida, se lutar sem Jesus!

Mesmo que não tenha consciência da força do pecado todos nós já experimentamos seu vigor, escravidão e depravação em todas as áreas do ser. Mas como podemos sair desse ciclo que parece não ter fim? Eis a resposta: Jesus!

Pela fé precisa confiar na morte de Jesus e apropriar-se do perdão dos pecados. Quem creu de todo o coração foi perdoado e o ciclo se rompe e a vida de Deus se manifesta como paz e vida!

Uma vez que o perdão foi decretado na cruz, e você creu, o coração encontra força para lutar contra o pecado, e a cada dia o Espírito Santo fortalecerá você!

E quando fracassar novamente, e todos vamos, apenas confesse e deixe! Saia do ciclo e experimente paz no coração!

Apaixonado por essa vida

"Pois Demas, amando esse mundo, abandonou-me e foi para Tessalônica." (II Tm. 4:10).

D emas começou a vida cristã com intensidade e vibração. Acompanhava Paulo por suas andanças e era "pau para toda a obra". Não "arregrava" diante das dificuldades e com ousadia vencia tudo! Demas era um cristão exemplar.

Quem sabe ele foi um pastor com oratória espetacular, ou um professor de Teologia munido de erudição, ou talvez um evangelista que arrebatava multidões pela sua pregação viva e vibrante. Ele era a referência para sua igreja e todos desejavam ser como ele.

Se ele vivesse nos dias de hoje com certeza seu canal do *Youtube* estaria bombando, suas postagens com milhares de curtidas e compartilhadas, e uma agenda cheia. Demas impressionava pela sua fé ativa!

Porém, e esse "porém" é o problema, ele começou abrir pequenas concessões ao pecado. Na cabeça dele não era nada grave. Quem sabe acessou um *site* diferente, e até sentiu remorso, mas não se arrependeu, ou na desculpa de evangelizar na *night* ludibriou-se com as baladas, uma pequena dose de álcool aqui e ali, mais uma festa, mais uma baladinha, mais alguma coisa...

Ele, perdeu a intensidade que tinha quando começou a servir a Deus, seus olhos não brilhavam mais pela presença d'Ele, a leitura bíblica foi relegada as últimas possibilidades, sua fonte de água viva secou, e esfriou-se!

Demas trocou a paixão que ele tinha por Deus "amando esse mundo."

Curtindo a vida adoidado

"Todo aquele que vive pecando é escravo do pecado."
(Jo. 8:36)

A vida "loka", sem referência, é a marca do nosso tempo de hoje e as margens limitadoras foram alargadas consideravelmente. O lema é "curta a vida adoidado."

Não há como negar que coisas erradas produzem boas sensações, êxtase e prazer, se assim não fosse não buscaríamos nada disso. "Adoidar" faz a vida valer a pena, pelo menos em tese. Cada nova sensação torna-se um vício emocional, e como que uma pulsão, somos conduzidos novamente a mesma busca.

Essa pulsão é escravizante. Mesmo que desejamos não sair na próxima semana em busca da curtição, uma força estranha dentro do ser conduz a isso! A coisa é doida! Estamos escravizados pelo poder do pecado que diariamente domina nossa mente (pensamos somente nisso), nosso coração (amamos a vida "loka") nosso espírito (alimentamos com sensações erradas).

Você já acordou dizendo: "Puxa! O que estou fazendo da minha vida? Preciso tomar jeito." E, do nada, está lá outra vez vivendo a vida adoidado! Você está preso nas próprias sensações desvirtuadas da realidade espiritual que Deus planejou para cada um de nós.

Hoje é o dia de viver firme em Jesus, que se tornou a "loucura divina" para que você, pudesse ser lúcido em suas decisões e livre do poder que o aprisiona nas sensações.

Curta a vida com sabedoria na graça da liberdade de Cristo!

Um êxtase por semana

"Viver de maneira certa." (II Tm. 3:16).

O anseio por sensações é algo presente na pósmodernidade. Há uma busca constante por novas euforias e êxtases.

Tudo isso revela o desejo do nosso coração por algo mais que essa vida, e como não sabemos ao certo onde encontrar a satisfação, vamos tentando várias coisas. Uma noite é a balada, na outra a cocaína, na outra o sexo, até que um dia tudo isso cansa...

Depois do cansaço existencial parece que bate uma saudade por tais coisas, e voltamos com tudo a essa vida, numa tentativa desesperada por sentido. Embora, muitos de nós, afirmamos que a vida não tem sentido, porque tudo é relativo, lá no fundo do coração, sabemos que isso não é verdade, e ansiamos por algo puro, belo e verdadeiro.

Conforme o tempo vai passando vamos entendendo o desperdício de energia gasta nessas coisas passageiras e com o coração destruído, com marcas na alma, com lembranças de todos os tipos, somos descartados pelo mundo como lixo, afinal entramos numa enrascada, pela nossa própria cobiça!

Não se preocupe, pois Deus não leva em conta o tempo da nossa ignorância, ou seja, o tempo em que não sabíamos qual era a vontade d'Ele, e agora que sabemos, podemos com alegria "viver de maneira certa", pois ao contrário do que se diz por aí, viver a vida correta, não é cafona, mas prazerosa! Chato mesmo é ter que encontrar sentido toda a semana!

Esqueça o "êxtase" semanal e viva a vida no eterno presente d'Ele!

Quanto mais sexo melhor

"Façam morrer (...) a imoralidade sexual de vocês."
(Cl. 3:5).

O sexo é benção de Deus para que duas pessoas casadas possam desfrutar mutuamente.

Hoje em dia o sexo foi banalizado e foi esvaziado do seu caráter sagrado e tornou-se algo tão frívolo que transar é algo fácil. Notavelmente, pessoas expõe seus corpos em fotografias lascivas nas redes sociais, com a naturalidade de quem não entendeu, que o corpo é templo do Espírito Santo, e deve ser mostrado apenas ao futuro marido.

Ouvi dizer por aí: "você não faz o teste *drive* antes de comprar o carro", da mesma forma dizem eles, "precisamos transar antes para ver se vale a pena!" Desta maneira, a prostituição torna-se gratuita, pois é o prazer pelo prazer, sem vínculo de coração e compromisso, onde cada qual, desfruta do outro como objeto de compartilhamento.

"Quanto mais sexo melhor" é o lema da nossa sociedade altamente erotizada (acesse suas redes sociais agora e verá alguém sensualizando), que com a facilidade da tecnologia, envia "nudes", faz vídeos e os compartilha na rede! O cúmulo da idolatria sexual são os prêmios oferecidos para as melhores atrizes pornôs, que tornaram-se "referência" para muitas pessoas.

Hei!, você é a menina dos olhos do Pai e precisa se valorizar como tal! Seu corpo não foi feito para ser tocado por vários... guarde-se para seu marido...Homens criem vergonha na cara, vocês não são os "caras" pegadores, mas os "caras" que precisam de Jesus!

Lembre-se: "Deus é muito paciente e gentil conosco, mas também nos ama muito para nos deixar entregues ao nosso pecado sexual." Steve Gallagher. Que a imoralidade sexual deixe sua mente em nome de Jesus!

Sua vida real não está nas redes sociais

"E o verbo se fez carne e habitou entre nós" (Jo. 1:14).

Criamos um mundo paralelo dentro das redes sociais e vivemos como se aquilo que está *online* fosse mais importante que a realidade do dia a dia.

Não raras vezes a irrealidade do mundo virtual gera dependência emocional e a busca incessante por *likes*, curtidas e seguidores, torna-se algo desenfreado. A cada postagem esperamos muitas curtidas, caso contrário, já começamos a pensar neuroticamente, se há algo de errado com o nosso corpo. Ficamos com a autoestima baixa.

A dependência do mundo virtual é tão grande que estamos viciados em quantidades de amigos que temos, como se a quantidade representasse a presença deles, na nossa vida real. O fato é, que eles não sabem nada sobre você, porque tudo o que se posta não condiz com a realidade e você não sabe nada sobre eles, pela mesma razão.

Vida real é a inaugurada pelo Pai que fez um *download* do seu Filho para habitar entre nós, com o propósito de se fazer conhecido, e deixar-se conhecer. Ele não esteve em busca de *likes* e curtidas, mas seguidores, discípulos, chamados para um relacionamento de amor. Jesus conhece você além do *Instagram*, *Facebook* e *Twitter*. Ele sabe que aquela foto tão sorridente, é *fake*, pois o coração está triste!

O Deus Encarnado – Jesus – continua diariamente a fazer o mesmo convite de sempre: "Seja meu seguidor", volte para a vida real, conecte-se comigo, e desenvolva uma amizade profunda e isenta de máscaras.

Como sair do fundo do poço?

"Planos de dar esperança a vocês e um futuro."
(Jr. 29:11).

O fundo do poço expressa a condição do ser humano no seu estado de miséria absoluta, principalmente quando perdemos tudo e não encontramos sentido na vida.

Grosso modo, o fundo do poço está relacionado à sequência de decisões tomadas, fora da vontade de Deus, que gera consequências danosas ao nosso coração. O povo de Deus no Antigo Testamento fora levado cativo à Babilônia, e lá ficaram por 70 anos, longe da sua pátria. Foi o fundo do poço da alma deles!

Qual fundo do poço está vivendo? Você está tão mal que pensa seriamente em desistir de tudo? Tá a fim de largar a faculdade, emprego, família e entrar no seu quarto e ficar lá até morrer, por que perdeu o ânimo? Você foi frustrado emocionalmente? O fundo do poço não é fácil!

Assim como o povo de Deus no passado, foram nossos "vacilos" que permitiram que o inimigo da nossa alma nos escravizasse com medo, pânico e tristeza profunda, querendo nos levar ao buraco mais escuro do nosso ser. Precisamos reconhecer que nós mesmos permitimos todo esse mal estar!

Por outro lado há uma promessa de Deus para cada um de nós, que não está relacionada a nossa condição, erros ou desacertos, mas tão simplesmente por causa d'Aquele que prometeu, e a promessa é: "um futuro melhor regada a esperança!" Para sair do fundo do poço da noite escura da alma precisa olhar para cima, em esperança, ciente que Deus nunca abandonou você!

Sem que você percebesse Deus também estava no fundo do poço com você e por isso Ele pode conduzi-lo para fora e dar-lhe um futuro melhor!

Deus tem um propósito para sua vida

"Sabemos que Deus age em todas as coisas para o bem daqueles que o amam, dos que foram chamados de acordo com o seu propósito." (Rm. 8:28).

Quantas situações você já passou e até o presente momento não sabe a razão disso ter acontecido? Às vezes, o namoro que não deu certo, o noivado que acabou, o vestibular tão almejado, que não passou, enfim... tantas coisas!

De algo precisa ter certeza: há um propósito de Deus para sua vida e para todas as situações que já viveu! Não é momento de indagar a Deus com "por quês?", ou ficar angustiado a ponto de perder a fome ou o sono, mas é hora de discernir o que Deus está fazendo. Veja só...

O amor de Deus por você é algo tão extraordinário e poderoso que todas essas coisas estão contribuindo para o seu bem. Isto mesmo! Não há resposta lógica para muitas coisas, mas há uma direção clara de Deus para sua vida, Ele está conectando o amor d'Ele em você, por meio das adversidades, que passou ou está passando.

Deus usa o deserto da vida, da alma, das situações para conduzi-lo a esse chamado de propósito. Talvez, nem sabe ao certo o que fará da vida, mas Ele sabe o que será da sua vida! N'Ele todas as coisas cooperam para o seu bem, e reitero, porque o ama, portanto, descanse, confie, levante-se e experimente todo esse amor de Deus na sua vida.

Você é propósito de Deus! Você é precioso!

Você não é um erro

"O Senhor faz tudo com um propósito." (Pv. 16:4).

Você acha mesmo que Deus erra? Obviamente que não! Deus tem um propósito para sua vida!

Quando eu tinha 16 anos, meus pais sentaram comigo na sala de casa e confessaram que um dia planejaram me abortar! Segundo eles não fui planejado. Eles choravam enquanto falavam comigo. Graças ao bom Deus nessa época já era um cristão e compreendi o meu valor em Cristo e sabia que os planos de Deus nunca serão frustrados! Não sou um acidente do acaso e nem você!

Talvez você tenha ouvido muitas coisas ruins das figuras de autoridade como eu também ouvi e essas palavras marcaram o seu coração e estabeleceu dúvidas sobre você ser quem é! Talvez, você se considera um erro genético, um acidente, ou quem sabe um zero à esquerda. Esqueça isso... você é filho(a) de Deus, redimido para viver tudo o que Ele planejou para sua vida.

Se as pessoas destruíram sua vida com palavras negativas, olhe para as Palavras de Jesus, creia nelas, e viva em paz consigo mesmo e com Deus. Deus não dá "ponto sem nó" e não permite acidentes: você não é um erro!

Toda a sua história de vida servirá para testemunhar o poder de Deus a outras pessoas, para que o nome d'Ele seja engrandecido na sua fraqueza, e Seu poder aperfeiçoado na sua dependência d'Ele.

Você não é fruto do acaso e nem da evolução darwiniana (por exemplo), muito menos um(a) qualquer jogado(a) ao mundo. Você é o(a) filho(a) amado(a) do Pai, que pensou sua vida, sua existência toda, e o(a) conduzirá no caminho, como um acerto de Deus!

Porn XXX

"Ora, as obras da carne são conhecidas e são: prostituição, impureza, lascívia." (Gl. 5:19).

Direto e reto sobre pornografia. Veja aí:

1. A pornografia levará você para o inferno;

2. Quem vive acessando sites XXX constantemente demonstra que não está convertido;

3. A exploração sexual das mulheres e da prostituição infantil é financiada por quem acessa e assiste;

4. A culpa gerada pela pornografia faz com que o jovem se sinta um hipócrita, pois se arrepende, e logo depois vê novamente;

5. A prostituição começa na mente e somente depois se concretiza no ato;

6. Perde-se o respeito por todas as garotas, sejam as cristãs ou não cristãs, e todas merecem respeito;

7. Os pensamentos não glorificam mais a Deus, mas se tornaram um antro de impureza, cobiça e maldade;

8. A lascívia começa a fazer parte da sua vida e está no seu jeito de olhar, falar, pensar e vestir;

9. Última razão: você não precisa mais acessar pornografia porque o amor e a graça de Deus devem satisfazer você! Uma vez que experimentamos o amor e a graça, todas as outras coisas pecaminosas e a pornografia, perdem o sentido!

Você é amado antes da fundação do mundo

"Porque Deus nos escolheu nele antes da criação do mundo." (Ef. 1:4).

Nenhum amor romântico experimentado nessa vida equipara-se ao poderoso amor de Deus! As palavras não conseguem traduzir em linguagem exata todo esse amor por nós! Tudo o que podemos é "explicar", por meio de analogias, esse "furioso amor".

Pense comigo: você ainda não havia nascido e Deus planejava sua vida na eternidade. Você estava crescendo no ventre da sua mãe e Ele preparava todas as coisas para seu nascimento. No seu primeiro choro ao nascer, Ele estava lá olhando para você, a sua obra-prima: imagem e semelhança d'Ele!

O amor de Deus não é baseado em méritos como ensina a religião. Não depende das nossas práticas, relatividades, incoerência ou obras. Depende da decisão d'Ele em amar você. Uau! Esse amor é graça pura sendo derramada diariamente no nosso coração, é a vida de Deus, alcançando-nos nos momentos mais obscuros da vida. É o amor do Pai que acolhe o filho que tanto errou e decidiu voltar para casa.

O que podemos oferecer a Deus diante de tão grande amor e graça manifestada? Nada! Tão simplesmente moldar nossa vida à vontade d'Ele como resposta de alegria por ter sido aceito quando nosso coração nem pensava n'Ele.

Você não é um erro do acaso e nem um acidente da biologia. Você foi planejado e amado antes que o mundo existisse. Você estava no coração do Pai!

Relacionamentos sugadores

"Porque cinco maridos já tiveste, e esse que agora tens não é teu marido." (Jo. 4:18).

"O coração do homem é uma fábrica de ídolos." João Calvino. Ele estava certo, justamente porque tais ídolos são subjetivos, e não palpáveis ou fisicamente visíveis. Segundo Paul Tillich, tudo aquilo que se torna a realidade última da nossa busca, ou seja, o que move nossa existência, é um ídolo, e como tal carrega em si estrutura demônica e destruidora dentro de nós.

A Samaritana, afirma para Jesus que já teve "cincos maridos", expressando que o ídolo do seu coração era satisfazer-se emocionalmente. Era como se ela falasse: "Minha vida só tem sentido quando sou suprida emocional e sexualmente." Jesus se compadeceu dela!

Nesse tipo de relacionamento defraudador, é possível que esses "maridos" eram aproveitadores do seu coração carente. Eles a usaram e depois a descartaram, e cada vez que isso acontecia, ela procurava consolo em outros braços! Tome cuidado com os "sugadores" emocionais, eles atuam com palavras e promessas de amor eterno, mas desejam apenas instrumentalizar o outro como objeto de prazer.

Se a busca por paixão é a realidade última da sua vida, você precisa substituir isso urgentemente pelo amor de Cristo, o homem por excelência que amará você sem variação e de forma incondicional. Seu valor não está no "fora" que levou e nem na quantidade de vezes que "ficou", mas em Jesus que nem dá o "fora" e nem "fica", mas permanece sempre com você!

Você foi chamado para ser discípulo e não religioso

"Atam fardos pesados e difíceis de carregar e os põem sobre os ombros dos homens;" (Mt. 23:4).

É muito comum no ambiente acadêmico os universitários e docentes confundirem religião com evangelho. Normalmente acusam os cristãos de serem preconceituosos, intolerantes e causadores de guerras em nome de Deus, mas o que eles não sabem é que nós, os cristãos, não apoiamos o que o cristianismo fez.

Toda essa compreensão é fruto da religião e não do evangelho! Não se desgaste em proteger a religião, antes convide cada universitário ou professor, a dialogar, a partir do evangelho de Jesus.

Quando estava na faculdade havia um grupo de cristãos religiosos que ninguém queria se aproximar, e quando chegavam, as pessoas saiam. Sabe por quê? Porque eles se consideravam melhores que todos nós, e carregavam superioridade moral em relação ao outro, impunham um padrão de santidade difícil de alcançar e olhavam de cima para baixo.

Grosso modo, eles eram os crentes chatos da faculdade! Não seja conhecido pela sua chatice, mas pela graça e o amor de Deus que flui da sua vida.

Ser religioso não me fará um discípulo de Jesus, mas ser discípulo de Jesus, absolutamente não me tornará um religioso, por isso "o convite de Jesus é para nos relacionarmos com Ele, e não para seguirmos normas e regras." Rev. Emerson Patriota.

Trash!

"Livremo-nos de tudo o que nos atrapalha e do pecado que nos envolve." (Hb. 12:1).

O pecado afeta de maneira radical nosso relacionamento com Deus e o próximo. Nós ficamos "alienados", conforme Paul Tillich, de tal forma que perdemos completamente nossa comunhão com Deus, nossas relações com o próximo (família e amigos) fica truncada e passamos a instrumentalizar os que deveríamos amar, e ao invés de cuidar das pessoas, o sugamos para fins utilitaristas.

O pecado está relacionado com a nossa essência, e exatamente por isso, todas as vezes que pratico o pecado simplesmente faço o que realmente sou: pecador! Não há como se livrar desta forma que nos leva a transgredir a Palavra de Deus, e destruir nossos relacionamentos, se não for por meio de Cristo!

Por meio da cruz de Cristo somos reconectados com Deus e começamos a superar toda a "alienação" gerada pelo pecado, iniciando um novo relacionamento com Ele, amando as pessoas da nossa família e o outro, e construindo uma ética de preservação da vida. Isto mesmo, quando o pecado é mortificado em nosso ser criamos a consciência do cuidado de si, do outro e do mundo! Grosso modo, quem se diz cristão e ainda vive na prática do pecado, ou seja, sem relacionamento com Deus, próximo e a vida, ainda não é um cristão!

Somos família

"Estes que têm transtornado o mundo chegaram também aqui." (At. 17:6).

*E*kkclesia é o termo grego para "Igreja", cujo sentido é "chamados para fora". Igreja não está relacionada com o templo. Falar "vamos à igreja" é um descuido teológico que limita o poder revolucionário do ser Igreja.

Igreja é movimento de transformação espiritual, social e cultural. A mensagem que a Igreja foi incumbida de anunciar transforma espiritualmente as pessoas de dentro para fora gerando um novo *éthos* de vida, e por conseguinte uma sociedade mais humanizada e justa.

O evangelho estabelece o amor ao próximo como princípio ético por excelência, e redime a cultura desconstruindo valores incoerentes com a Palavra de Deus, e indicando como a cultura pode se desenvolver segundo o padrão de Cristo. Na sua Universidade ou trabalho você precisa ser Igreja viva a tal ponto que possam dizer: "Esses que carregam a vida de Deus, que falam e as pessoas se convertem, que expulsam demônios, acabaram de entrar na sala de aula, e no nosso setor! " Isto é Igreja como comunidade e movimento! As Universidades e as empresas são comunidades, cada qual a sua maneira, que necessitam de conversão para iniciarem um processo de produção cultural coerente, e humanizar as empresas. Somente com a Palavra de Deus isso poderá acontecer.

Que Deus o use poderosamente onde você está, seja na Universidade, ou na empresa.

Caiu em si!

"Não vos deixarei órfãos, voltarei para vós outros."
(Jo. 14:18).

Minha conversão se deu aos 16 anos de idade. Minha família era disfuncional. Meu era pai alcoólatra, e por conta disso minha mãe assumiu a responsabilidade pela casa, e meu irmão devido a toda a situação foi para as drogas e tentou o suicídio. Eu tinha casa, mas não tinha presença paterna! Era um lugar que não queria voltar ao final do dia... Me sentia um órfão de pais vivos!

O termo grego para "órfão" é *orphano*i, que segundo D.A. Carson é "privados do pai ou do mestre em relação ao discípulo." Muitos jovens não têm referência paterna/materna saudável, e isto acaba por levá-los para o lado obscuro da vida, em busca de encontrar apoio que não encontra em casa.

Jovem, você não está só! O "outro consolador" (Jo.14:3) quer gerar paz no seu coração, Ele continuamente o assiste em suas fraquezas, sejam quais forem, com o objetivo de livrá-lo de cada uma, e não se esqueça que o Espírito Santo adotou você como filho e filha e revelou o amor incondicional do Pai, como expresso em Rm.8:15 – "Pois vós não recebestes um espírito que vos escravize para andardes, uma vez mais, atemorizados, mas recebestes o Espírito que os adota como filhos, por intermédio do qual podemos clamar: 'Abba, Pai'." (King James). Jovem, deleite-se no amor do Pai e na consolação do Espírito Santo! Continue crendo que sua casa se tornará num lar! O Pai nunca nos abandonará!

Do que você tem sede?

"Como vocês, eles terão que comer as próprias fezes e beber a própria urina!" (Is. 36:12b).

Quando estamos enfraquecidos espiritualmente ficamos à mercê do inimigo que rouba nossa humanidade e nos leva à animalidade.

O texto de Isaías fala sobre uma alimentação exótica ingerida por aqueles que vivem a vida cristã como fachada, ou seja, uma vida dupla! Parecem santos, mas são imorais na mente!

Comer e beber esse lixo torna-se natural quando os olhos perderam o brilho da alegria da salvação, e a obra de Deus é feita apenas quando solicitado, e não pela consciência da gratidão. Viver comendo esse lixo faz com que nossos ajuntamentos (cultos e células) tornem-se banquetes de palavras ácidas e de falar mal dos ausentes. A boca cheira mal.

Até quando vamos deixar de nos alimentar da vida de Cristo e vamos continuar bebendo da água da privada para matar a sede de vida? Até quando comeremos a lavagem dos porcos achando que isso está nos nutrindo? O filho pródigo perdeu sua identidade usando sua autonomia para viver longe do Pai, passando a alimentar sua alma com as coisas dessa vida, até que um dia "caiu em si", e retornou.

Todos nós já vivemos como o pródigo em busca de sentido e satisfação e percebemos que nada dessas coisas supriu nosso coração de vida, pelo contrário, entristece-mos dia após dia, pelo consciência do erro.

Seja como for lembre-se "quando você sabe quem é em Cristo a popularidade, rejeição, êxito e fracasso não são mais importantes!" (Timothy Keller).

O privilégio que nem todos terão

"Porque pela graça sois salvos." (Ef. 2:8).

A salvação é uma dádiva de Deus entregue aos eleitos. Ele, em sua soberania eterna, decidiu salvar você, e conduzi-lo para a eternidade.

Nada nessa vida poderá invalidar sua salvação! Você pertence a Deus do começo ao final da sua vida e como filho será tratado todos os dias. Sua "parte" é moldar sua vida à vontade d'Ele, como uma resposta alegre, pelo dom gratuito recebido.

Josemar Bessa capturou a ideia de que tudo vem de Deus como segue: "Declarar? Determinar? Merecimento? Dignidade própria? Antes que possamos orar, alguém teve que pagar com a vida apenas para sermos ouvidos. Nem ouvidos merecemos." Uau! Que graça maravilhosa!

Essa graça da salvação constrange nosso coração a gratidão e gera desejo intenso de anunciar a Palavra com entusiasmo e envolver-se na obra de Deus com toda a nossa vida, pois tudo, torna-se um desdobramento da cruz de Cristo! A cruz tão cruel e dolorida gerou vida e alegria para nós!

Se você crer em Jesus será salvo e nunca mais perderá sua salvação e a evidência de que está salvo expressa-se numa vida transformada que não vive na prática do pecado e nem deseja fazer o que é errado.

Salvos desejam a vida de santidade, almejam fazer o bem às pessoas como resultado de quem foi salvo, experimenta novidade de vida e alegria da eternidade, seguido de paz no coração, conforme diz Romanos 5:1 "justificado pela fé temos paz com Deus."

Em meio a tantos Deus escolheu você

"Rogo (...) por aqueles que me destes, porque são teus." (Jo. 17:9).

A salvação é "suficiente para todos, eficiente somente para os eleitos" R.C. Sproul. Dentre toda a multidão de todas as eras os eleitos foram chamados ao relacionamento com Deus por pura graça e misericórdia do Pai.

Qual deve ser nossa atitude em saber que em meio a tantos Deus escolheu você para vaso de honra? Atitude de gratidão, descanso, alegria e esperança. Muitos morreram no erro e não estarão na eternidade no céu, outros como você, que creram e foram transformados, desfrutarão aqui neste mundo as alegrias da eternidade, dentro do que a existência pode comportar, e a plenitude no céu!

Pense em sua vida e perceberá que foi alcançado quando nem estava interessado em Deus. Com o coração longe, sem sentido, a Palavra de vida foi-lhe anunciada, e seus olhos espirituais foram abertos, e a iluminação do Espírito Santo trouxe-lhe a revelação de quem Jesus é! Simples e poderosamente Deus escolheu você em meio a tantos.

Isso chama-se privilégio não condicionado a algum mérito seu, mas ao mérito de Cristo, em morar em você e transformá-lo diariamente, na imagem d'Ele. O fato de partir de Jesus a escolha faz com que a jornada também seja garantida, e que nos tropeços teremos a certeza do cuidado e proteção, para todos os dias da vida.

Nunca se esqueça, filho e filha, em meio a tantos Deus escolheu você. Você tem sentido e valor! Não caminhe de cabeça baixa! Há muito mais amor de Deus envolvido pela sua vida do que você imagina!

Não depende do que você fez!

"Não temas, porque eu te remi." (Is. 43:1).

Somos ensinados que se formos bonzinhos o Papai Noel nos recompensará no final do ano, e se não formos tão bonzinhos assim, não receberemos nosso presente.

A boa notícia é que o maior de todos os presentes foi nos dado gratuitamente na cruz. Nele, o peso da autorrecompensa, a busca por aceitação e aprovação social, foram desfeitos, mediante a compreensão, de que tudo depende do que Ele fez, por isso a sensação de que "sua vida é um grave desapontamento para Deus", (Brennan Manning), gerada pela religiosidade, pode ser revista à luz da graça, como descanso em Deus, pois tudo vem d'Ele!

Hei! Cristo tem vida para você! Não a vida dupla da religiosidade construída baseada na nossa performance que estabelece modos de ser entre o público e o privado, não a vida do cansaço emocional/espiritual, muito menos da frustação pelos próprios erros, mas a vida gerada pela consciência de que tudo vem de Deus!

Ele te remiu, não foi você que gerou autorredenção. Ele te buscou, e não você que construiu o caminho de volta para Deus. Ele morreu na cruz, e não você. Ele é autossuficiente, e você dependente do que Ele fez!

Hoje é dia de entregar o fardo de toda sua vida à Cristo, deixar de viver com o intuito de impressionar Deus com suas boas obras, numa clara tentativa de obter algum favor d'Ele, pois de fato, todo favor já foi feito em Jesus!

Um só ato define toda a sua vida

"Está consumado." (Jo. 19:30).

Para N. T. Wright, um dos aspectos da morte de Jesus foi proporcionar "uma nova criação" capaz de revolucionar o mundo!

Vou me apropriar do adágio protestante que diz: "converta-se o indivíduo e a sociedade se transformará". A nova criação, gerada pela morte de Jesus na cruz, produzirá uma pessoa capaz de beneficiar a sociedade com sua fé, trabalho e ministério, e de maneira lógica, quem foi transformado pela cruz de Cristo transformará a vida de outras pessoas, quem não foi nada faz!

Portanto, a revolução começa dentro da mente, especificamente na nova autocompreensão de si mesmo e da vida. Se a cruz diz: "Está consumado" necessariamente preciso apropriar-me de todos os benefícios da Sua morte, os quais são: sou perdoado, salvo e livre! Sua vida não é mais definida pelo seu passado de manchas, mas pelo sangue de Cristo, que limpa todas as machas, e produz consciência limpa!

Revolucionar o mundo está diretamente relacionado à transformação do próprio coração, que carrega o poder da cruz diante de outros, que serão transformados, e como numa cadeia de efeitos, o mundo se tornará um lugar melhor. Antes, porém de mudar o mundo, mude sua maneira de ver a si mesmo e o outro. Não se veja mais como um fracassado sem força alguma, e não veja mais o outro como problemático. A partir de agora toda sua vida foi definida por um único ato da cruz que demonstrou de forma extraordinária todo Seu amor por você e pelo outro.

A morte de Jesus é a maior revolução de todos os tempos!

Humanize-se!

"Grande multidão, teve compaixão deles." (Mt. 14:14).

U ma das marcas do cristão é o desenvolvimento da sua humanidade expressa em atos de compaixão.

Jesus é o Deus encarnado enraizado na história humana e individual de cada um. Com nobreza de caráter e sensibilidade emocional percebia as dores dos que estavam ao seu redor e estendia a mão compassivamente. A compaixão abraça o diferente, ama sem pretensões de receber alguma coisa em troca, doa-se com a alegria indizível do serviço.

Jesus é mestre em romper paradigmas sociais-religiosos cujo fundamento excluía as pessoas do Reino de Deus, como por exemplo, tocar um leproso (proibido pela lei), valorizar as mulheres, comer com pecadores incluindo-os no Seu Reino. Barreiras são quebradas quando desenvolvemos compaixão e humanizamos nossos relacionamentos.

Como temos tratado a nossa família? Será que perdemos a paciência com os mais velhos (pais e mães)? Conforme vamos crescendo e ficando mais autônomos perdemos a sensibilidade com nossa casa? Jesus "tocou o leproso", será que nos tornamos máquinas que não conseguimos abraçar os mais próximos?

Desenvolva a "totalidade de sua humanidade" (Emerson Patriota) e vivencie a fé em Jesus em atos de compaixão diários, pois todos os dias haverão pessoas necessitadas de coisas muitos simples, como um "bom dia" sincero, um ombro amigo, um tempo para ouvi-los.

Apenas um toque, uma gentileza e um interesse real é capaz de mudar o dia e a vida de alguém!

Intenções!

"Teu Deus, te guiou no deserto (...) para saber o que estava no teu coração." (Dt. 8:2).

Qual a razão que fazemos tudo o que fazemos? Será que dentro do nosso coração desejamos meramente a aprovação dos homens? Será que gostamos do elogio e vivemos em busca disso? O que de fato me motiva a continuar fazendo tudo o que faço?

Em Dt.8:2 é no deserto que nossas intenções secretas, nossa vaidade pueril, o que fundamenta nosso ser é revelado! Deus mesmo nos conduz ao deserto para revelar a nossa "fé" tão relativa trazendo à tona as reais motivações secretas, e leva-nos a repensar a vida, o ministério, a liderança e tudo o mais.

No deserto as intenções são "testadas", não como uma prova que reprova, mas como circunstâncias que desperta o coração para a razão principal de fazermos tudo: Ele!

No deserto descobrimos que a intenção do nosso coração, às vezes, é usar a Deus em prol dos nossos objetivos. É servi-lo porque buscamos sua benção, oramos na base da troca subjetiva, como: "estou fazendo minha parte, espero que Deus faça a d'Ele".

Você já se sentiu ridículo ao perceber que as nossas intenções por mais nobres que são não passam no crivo do deserto? Lá encontramos o "impostor que vive" em nós (Brennan Manning). Lá à sombra do velho homem mostra-se claramente e clamamos para ficarmos livres do nosso eu!

Nada como um bom deserto para trazer-nos de volta à vontade de Deus!

Vida emocional abundante

"Amado, oro para que você tenha boa saúde e tudo lhe corra bem, assim como vai bem a sua alma." (III Jo.1:2).

Rick Warren disse que a "vida é como dois trilhos de trem" onde experimentamos, alegria e tristeza ao mesmo tempo. Você já vivenciou essa realidade dupla durante algum momento da sua vida? Tudo está *ok* e de repente vem a má notícia?

Pois é, bem-vindo(a) à vida! Jesus nunca disse que não teríamos aflições ou situações difíceis para resolvermos, antes deixou bem claro que em todas elas, estaria presente conosco. A convicção de que somos acompanhados por Deus garante a saúde da nossa alma.

A alma doente vive ansiosa, perde noites de sono, come demais ou deixa de comer, e antecipa problemas virtuais sofrendo em seu ser. Nossa vida emocional está guardada em Jesus! N'Ele, cuja proteção é impenetrável, você poderá descansar e vivenciar a alegria de viver em paz confiando e descansando no cuidado d'Ele.

Sei que pode estar vivendo dias horríveis gerados pelas frustrações amorosas, expectativas não alcançadas, pelo vestibular que não deu certo, ou problemas com sua família e tudo isso confluiu e azedou seu coração, fazendo que amarguras enraizasse na sua alma, roubando-lhe a paz!

Tenha coragem! Levante-se! O propósito de Deus para sua vida é curar seu coração, para que possa curar outros, portanto, precisa voltar a confiar em Deus, e deixar que a alma machucada experimente o bálsamo de Cristo!

Se um dia nos encontramos por aí meu desejo é ouvir de você que "sua alma vai bem!"

A alegria de ser amado incondicionalmente

"Nós amamos porque ele nos amou primeiro."
(I Jo. 1:19).

Vivendo na podridão do pecado, sem fé em Deus, miseravelmente alienados do Pai e amando as coisas erradas, Deus em sua graça incompreensível amou cada um de nós! Amor incondicional.

Esse amor não está baseado em méritos, afinal não temos nenhum. Muito menos as boas obras que praticamos atraiu o amor de Deus ao nosso favor. De forma alguma a vida moral "conquistou" o coração de Deus. Nada, absolutamente nada, faz com que Deus nos ame menos ou mais! Ele é todo amor e sempre amara. O problema é que fomos criados com a crença errônea do "fazer" primeiro para "receber" de Deus depois. Nesse tipo de pensamento passamos a vida tentando conquistar o amor de Deus, e constantemente percebemos que não somos bons o suficiente, para isso. O correto é que Ele fez primeiro e nós fazemos depois.

"Quando você não pode fazer nada, o Senhor Jesus pode fazer tudo" (Charles Spurgeon). Quando tentar ser bom fracassará! Ele gera bondade no seu coração, por meio do Espírito Santo. Se tentar fazer obras para ser salvo, fracassará novamente! Por ser salvo fará as boas obras! Se fizer sacrifício para ser purificado, perderá seu tempo! O único sacrifício feito por nossa purificação aconteceu na cruz! Você apenas precisa crer nessa obra.

Toda nossa vida só poderá ser dedicada a Deus se compreendemos que Ele fez tudo e nos amou primeiro, assim como é o Primeiro Sempre, em todas as coisas, relacionadas a nós!

Olhe para frente e esqueça o passado

"Esquecendo-me das coisas que ficaram para trás."
(Fl. 3:13).

"Uma vez que você está em Cristo, você nunca mais será o mesmo" (Billy Graham). Diante da citação podemos ter a plena certeza que o nosso passado não determina o presente! Tudo está feito em Cristo... prossiga sempre.

Muitos estão tomando decisões pautadas no passado, a partir de justificativas diversas, desde relacionamentos que não deram certos, então, pela lógica deles, não dará no hoje. Pela família disfuncional que vive, então nunca terão uma família saudável e tantas outras coisas. Um conselho: esqueça as coisas passadas!

O passado deve ser lembrado apenas como aprendizagem divino, que em tempos específicos permitiu algumas adversidades, como recurso pedagógico para atrair-nos a Ele novamente. Hoje, todo o passado que causou dano emocional e espiritual, e todo sofrimento deve ser deixado de lado. Isto não significa que não lembraremos do que aconteceu, mas ao lembramos teremos paz no coração, porque estamos prosseguindo para algo melhor e excelente!

O passado não é mais a regra de medida do seu presente muito menos do seu futuro. Olhe para além do que houve e contemple o que está à frente. Diante de você está a cruz de Jesus e o Cristo glorificado como alvo absoluto da sua vida. N'Ele, está toda a definição de quem você é, quem se tornará, e como será guardado das lembranças opressoras!

Quando seu passado vier à tona diga: "eu fiz isso mesmo! Eu errei!" Mas, hoje coloquei tudo nas mãos de Jesus, e caminho para frente!

"Jesus te ama",
o jargão que perdeu o efeito

"Deus amou o mundo de tal maneira" (Jo. 3:16).

A frase "Jesus te ama" parece ter se tornado um jargão que perdeu o efeito de transformação. De tanto falarmos "Jesus te ama", estampar em camisas, e postar nas redes sociais, acostumamo-nos a tal ponto, que banalizou- se.

Esse "banalizar" refere-se a acostumar-se com as realidades eternas conquistadas por Jesus na cruz! A expressão "Jesus te ama" expressa a dura realidade da morte d'Ele, a dor impregnada no corpo e na alma, o sangue vertido, o sofrimento imaginado, para nos apropriamos desse amor, e fazê-lo objeto de consumo!

Você não pode acostumar-se com as coisas de Deus! Parece que tudo foi banalizado e estamos constantemente em busca de mais uma dose de euforia religiosa para continuarmos. Não! Não precisamos do êxtase, precisamos voltar a vivenciar as "veredas antigas", e amar tudo o que se refere a Ele!

Volte a amar sua Bíblia, retorne à convicção que "Jesus te ama" mesmo, deleite-se em oração diariamente, e compartilhe o amor de Deus com todos. Não deixe que a rotina religiosa faça de você um mero frequentador de cultos e atividades da igreja. Faça isso, mas ame a Deus, conheço-O profundamente, e persevere em santidade.

"Não apreciar a Deus significa perder a maior das experiências e, no fim, perder tudo." (C.S. Lewis). Que todos os dias possamos ficar admirados com nosso Deus!

A cruz é o único caminho

"Foi obediente até à morte, e morte de cruz!" (Fl. 2:8).

Jesus levou sua obediência até às últimas consequências morrendo na cruz por pecadores miseráveis como eu e você!

A cruz prova seu amor para conosco, mas uma vida vivida na prática do pecado prova que não amamos a Jesus! A vida cristã é algo muito sério. Volte para a cruz de Cristo e obedeça a Ele irredutivelmente. Na cultura romana a cruz era símbolo de vergonha e Jesus a transformou num símbolo de amor eterno por pecadores fracos como eu e você!

A cruz de Cristo é o estandarte da fé cristã, não apenas figurada visivelmente, como também marcada no nosso coração, pela confiança alicerçada n'Ele. Se Jesus suportou a cruz por amor a nós devemos suportar a nossa. Desejos, vontades, "bens, família e poder" (Lutero) devem ser submetido à vontade de Deus.

Renda-se ao amor de Jesus! Absorva as narrativas do evangelho, observe o caminho que Jesus fez, pelo que passou, para morrer por nós! Deixe de "mimimi"! Sua vida não é e nunca será mais difícil que a de Jesus. Comprometa-se! Disponha-te! Levante-se e crie vergonha na cara e viva como um cristão que se rendeu diante de tanto amor!

Não permaneça inerte! Seja consumido pelo amor de Cristo e Sua obra e viva com intensidade do mesmo modo que vivíamos com intensidade no pecado. A obediência é a única prova que podemos demonstrar que de fato a morte de Jesus fez sentido para nós!

O irresistível amor de Deus

"Porque o amor de Cristo nos constrange." (II Cor. 5:14).

Se hoje podemos afirmar que amamos a Deus é porque fomos irresistivelmente atraídos por esse amor. O amor de Deus é como um imã que nos puxa para perto d'Ele.

Em todo tempo o amor de Deus nos sustenta, guarda, fortalece e conduz na jornada. Na nossa fraqueza o amor d'Ele nos fortalece, anima, restaura o ânimo e gera paz no coração. Fragmentados pela prática do pecado seu amor nos cura manifestando perdão, esquecido pelos nossos, Ele se apresenta como Pai de amor, que nunca abandonara seus filhos.

Na dubiedade da vida e do nosso caráter, Ele é o amor que nos centraliza n'Ele. Na contradição interna do coração, Seu amor é nosso orientador, na morte Ele é o amor que dá segurança, na vida é amor protetor, na tristeza amor que consola, na alegria amor que celebra!

"Se Deus é o bem supremo do homem, viver bem não pode consistir em outra coisa que em amá-lo com toda nossa mente e alma" (Santo Agostinho). Atraídos irresistivelmente pelo amor de Deus somos constrangidos a amá-lo com toda a nossa vida, emoções, intelecto e vivendo para Ele em novidade de vida e alegria, participando da existência com a firme certeza do seu cuidado amoroso, e nas situações mais difíceis inabalavelmente descansado no Amado!

Você foi amado antes de amá-lo. Seu "sim" a Ele foi gerado no seu coração por Ele. Você O aceitou porque foi aceito primeiro. N'Ele há amor constante, perene e inalterável por você!

Do que a cruz nos libertou?

"Pois ele nos resgatou do domínio das trevas." (Cl. 1:13).

N a cruz, Jesus venceu os grandes inimigos da humanidade, os quais são: o medo da morte da escravidão da lei, inferno e do diabo.

Sem Jesus vivíamos escravos do medo de morrer que paralisa o desenvolvimento natural da vida. Sem Jesus éramos escravos do pecado e fazíamos a vontade da nossa carne vivendo na imoralidade sexual, mentindo, pagando o mal com o mal, e sem nenhuma consciência de Deus.

Sem Jesus absorvermos as regras religiosas como meio de trocar favores com Deus como se seguir regras garantisse nossa salvação. Praticávamos boas obras para impressionar Deus, como se nossas obras tivessem esse poder.

Sem Jesus o diabo "montava" em nós e fazíamos de cavalo. Nossa mente era oprimida por ele como se fosse ficarmos loucos! Os grilhões espirituais impedia-nos de vivenciar o melhor de Deus.

O medo da morte foi suspenso por Jesus conforme o autor de Hebreus afirmou: Jesus destruiu "aquele que tem o poder da morte, a saber, o diabo, e livrasse todos que, pelo pavor da morte, estavam sujeitos à escravidão por toda a vida." (v.14,15).

Com Jesus trocamos as regras religiosas baseadas em autossalvação, por deleite em seus princípios. Nós o amamos, por isso obedecemos a Deus e recebemos poder espiritual para vencer a pressão do diabo! Servimos a Jesus não por medo do inferno, mas por gratidão a Ele!

Em Cristo tudo está feito!

Nunca te abandonarei

"As palavras que vos tenho dito são Espírito e vida."
(Jo. 6:63).

James Bryan Smith disse: "Muitas vezes, tentamos controlar Deus, definindo seu comportamento. Tentamos domá-lo, reduzindo-o às doutrinas e às nossas teorias sobre salvação."

O modo como sua "teologia" construiu Deus talvez o fez vê-lo como Alguém que rege o universo baseado na lei da "causa" e "efeito", ou seja, se peco serei punido, e se ando na linha serei amado. Esse tipo de relacionamento não está fundamentado na compreensão bíblica de quem Deus é!

Por experiência já percebemos que não conseguimos andar na linha pelas nossas forças e quase sempre caímos no pecado e nos sentimos culpados. Precisamos mudar nosso modo de ver Deus. Deus nunca condicionará seu agir ao modo como agimos. Ele não está à espreita com os olhos atentos observando suas ações, com o objetivo de puni-lo! Pelo contrário, seus olhos o contempla com graça para ajudá-lo a crescer n'Ele!

Entenda algo profundo... Deus nunca abandonará você. Ele prometeu que "o que vem a mim de maneira nenhuma o lançarei fora" (Jo.6:37). Você está sendo cuidado por Deus a todo instante, mude sua mente, e aceite que você é d'Ele, independente do que tenha feito.

Ao crer nas palavras de Jesus, que Ele nunca te abandonará, vida e paz serão gerados no seu coração e toda a sua existência sofrerá mudança significativa para o seu próprio bem.

Seu valor não está atrelado
ao *Instagram*

"O homem vê a aparência, mas o Senhor vê o coração."
(I Sm. 16:7).

A grande mídia e as redes sociais impuseram determinado padrão estético de beleza aos homens e mulheres. Todo esse peso redunda em mal estar e baixa autoestima quando não alcançado.

Se focarmos apenas nas redes sociais perceberá numa rápida olhada toda a plasticidade das pessoas vivendo certo tipo de vida que não são as delas! Estão todos felizes, alegres e lindos(as)... as garotas que o digam! Óbvio, que não há nenhum problema em buscar melhorar sua condição física, o problema é quando isso é o cerne da busca!

É comum classificarmos as pessoas pela aparência (embora não deveríamos), e criarmos tipos ideais. Por exemplo, quando pensamos num líder, imaginamos alguém sanguíneo, forte e de voz impositiva. Um advogado como alguém inteligente, focado e centrado, e por aí vai.

O profeta procurava um homem para ungi-lo rei do povo de Deus, baseado na sua própria compreensão do que seria um rei. Para sua surpresa, o rei que Deus ungiu, era um adolescente cheio de espinhas no rosto, considerado o improvável pela sua própria casa.

Jesus, segundo Isaías, "não tinha beleza ou formosura que chamasse atenção", ou seja, Ele era como um de nós! Mas, o que atraía as pessoas a Ele, era seu coração bonito! Se Jesus tivesse um *Instragam*, as fotos postadas não seriam da multiplicação dos peixes ou de outros milagres, mas da sua cruz com a legenda: "seu valor não está atrelado ao *Instagram*, mas ao que fiz por você na cruz! Você é a pessoa mais bonita da terra e eu sou apaixonado por você!"

Deus o ama do jeito que você é!

"Deus amou o mundo de tal maneira." (Jo. 3:16).

"Deus o ama do jeito que você é: e não do jeito que deveria ser, pois você nunca será do jeito que deveria ser" (Brennan Manning). Essa frase é da autobiografia do autor citado.

O problema da autobiografia é que somos seletivos e sempre damos um jeito de revelar apenas o "melhor" de nós e transferir a culpa a terceiros. Em eventos simples da vida já fazemos isso. O problema de outro escrever nossa biografia, é que pode reforçar os aspectos positivos da nossas vida e minimizar os negativos, ou vice-versa.

Brenann foge à regra e coloca sua vida exposta diante de todo o mundo indicando que ele é amado por Deus independentemente de tudo. No auge da sua maturidade espiritual, corajosamente declara que ainda não é do "jeito que deveria ser!" Ele menciona algo interessante sobre prometer agradar a Deus, mas descumprir em seguida, afirmando que "este livro foi escrito para aqueles que arrebentaram a coleira que os prendia e se entregaram apaixonadamente às coisas do amor."

Por causa das "coisas do amor" pode-se aceitar ser amado pelo Amado ciente da nossa imperfeição e pecado. Por causa das "coisas do amor", você será transformado diariamente, mesmo nunca alcançando a perfeição na efemeridade da vida. "Deus o ama do jeito que você é" faz com que possamos caminhar em alegria diante desse Amor, cujo desejo é relacionar-se conosco, não como um "deus" sublimado em busca de satisfação, mas como Pai que se doa no Filho, oferecendo perdão e aceitação.

A solidão de Deus trouxe a companhia d'Ele até você

"Deus meu, Deus meu, por que me desamparastes?" (Mc. 15:34).

Ele estava sozinho na cruz. As trevas sobrepujou a luz do dia. Seu grito de agonia dizia: "por que me desamparastes?" Não há como traçar em plenitude toda a agonia e solidão de Jesus. Enquanto o mundo e cada um de nós dávamos as costa Ele pensava em você hoje!

"É na cruz que o Pai e o Filho se constituem como tais, na medida em que são distintos e separados no modo mais profundo: no abandono." Jurgen Moltann. Abandono implica solidão, e o mundo de hoje está repleto de pessoas sozinhas, mesmo com gente por perto, e os inúmeros amigos das redes sociais.

Ao passar pela solidão pôde se compadecer de todos os que se sentem sós, e às vezes, incapazes de compartilhar os sentimentos mais profundos. Traumas, medos, receios pode ter levado você a ficar em silêncio com a solidão, e quem sabe, perder a confiança nas pessoas.

Dê uma nova oportunidade a si mesmo. Você não precisa viver só. Há uma igreja imperfeita que acolhe seres imperfeitos, como você e eu, e juntos na nossa imperfeição, encontraremos a Presença do Pai. Ele esteve sozinho na cruz para que possamos desfrutar da sua companhia e nunca houve solidão que os braços do Eterno não suprisse e nem medo que Ele não acalmasse.

Jesus disse: "Deus meu, Deus meu, por que me desamparastes", mas quem sabe Ele diga: "Deus meu, Deus meu, porque eles não creem que nunca estiveram sozinhos!"

Apenas confie! Ele está com você!

Não o amo para ser salvo, amo porque já fui

"Ame o Senhor, seu Deus de todo o seu coração." (Mt. 22:34).

É fácil inverter a ordem da vida cristã. Para alguns, bater o ponto no culto é o ápice da vida com Deus. Na prática são religiosos que gostam das leis divinas, mas não se relacionam com o autor dessas leis!

Quem ama a Deus esforça-se em aprender mais sobre Ele. Alimenta-se da leitura da Palavra e busca intimidade por meio da oração. Quem não ama, não faz isso, ou faz com segundas intenções, como ser visto pelas pessoas. A vida cristã é muito mais do que "fazer um teatro diante de Deus" (Eugene Peterson). A vida cristã é um relacionamento de amor com o Deus do amor.

Se o seu coração estiver tomado pelo amor divino, graciosamente irá responder ao seu chamado com alegria e leveza. A vida religiosa é um saco cheio de fardo que carregamos nas costas o dia todo e uma hora vamos jogar tudo para alto que ninguém aguenta usar máscara por muito tempo.

Faça tudo com alegria. Você foi salvo por Jesus? Se sim, ame a Ele e faça o bem às pessoas, não importa quem são. Quem tem graça de Deus distribui graça, e quem é azedo por dentro distribuí acidez.

Amar a Deus sobre todas as coisas e com toda a vida é o fundamento de todo o restante. Quem ama dispõe-se a servi-lo, e quem não o ama, nada faz. É simples assim!

O evangelho é simples e poderoso. Fui amado em meu pecado e aceito em minha miséria, e quando entendo isso, começo a amá-lo e servi-lo, porque sou grato por tão grande salvação.

Quando tudo está mal Ele intercede por você

"**M**as o próprio Espírito intercede por nós com gemidos inexprimíveis." (Rm. 8:26).

Situações limites surgem como um tufão que arrebenta tudo pela frente. De repente, o tempo muda, derruba a casa e quase tira nossa fé!

Tais situações leva-nos a perguntar: "Onde está Deus?" "Será que o Senhor não percebe tamanha dor?". As nossas orações ficam secas e nem forças temos para clamar, e as lágrimas escorrem dia e noite dos olhos.

Dietrich Bonhoeffer, foi um pastor alemão que fora capturado pelos nazistas e conduzido ao Campo de Concentração. Em meio a toda situação de caos e tensão, escreveu um belo poema chamado: "Quem sou eu?", cujos primeiros versos demostram a perspectiva das pessoas sobre ele, como segue: "uma pessoa calma, alegre e firme", "livre, amistoso e calmo" "sorridente e acostumado a vencer."

Porém, Bonhoeffer coloca sua opinião acerca de si, contrapondo a visão do outro, dizendo: sou "inquieto e saudoso e doente, como ave na gaiola/lutando pelo fôlego, como se houvesse mãos apertando minha garganta/ cansado e vazio ao orar, ao pensar, ao agir."

Diante do vendaval da vida Bonhoeffer via-se perdido e angustiado, enquanto todos os demais o viam como forte! Isso nos ensina que até mesmo os gigantes da fé e da intelectualidade são necessitados da intercessão do Espírito quando todos os conceitos e palavras se calam diante da dor!

"Quem sou eu? Estas minhas perguntas zombam de mim na solidão. Seja quem for eu, Tu sabes, ó Deus, que sou Teu." Conclui Bonhoeffer.

Deus abraçou você para toda a eternidade!

Molde sua vida à vontade de Deus

"Amo tua Palavra." (Sl. 119:113).

Pós-modernidade é a nomenclatura clássica para designar nosso tempo com algumas características peculiares como: relatividade da verdade e moral, hedonismo, e a espiritualidade secular.

Para os pós-modernos, a verdade é relativa e cada grupo desenvolve o próprio conceito de vida. Na prática parece interessante, mas é uma falácia. Se cada grupo desenvolve a própria compreensão moral, a sociedade seria desmantelada de dentro para fora.

O pressuposto de "múltiplas verdades" (Rev. Emerson Patriota) também faz parte da cosmovisão pósmoderna. Segundo eles, se não há verdade, podemos viver como quisermos.

O hedonismo é a busca por "sensações" a todo custo. Uma droga aqui, sexo ali, êxtase religioso acolá e tudo junto e misturado. Na prática, vivenciam um tipo de espiritualidade secular sem preceitos racionais definidos, pois tudo baseia-se no sentir.

A Pós-modernidade é uma cosmovisão, ou seja, visão da vida, e se formos bobinhos na fé embarcaremos nesse barco furado e viveremos como um "cristão" *cool*, moldando nossa mente à fôrma desse mundo.

O que precisamos fazer é amar a Palavra de Deus e lê-la todos os dias intencionalmente buscando conhecer o Deus chamado Jesus. Ele é a chave para lermos a cultura, os livros, filmes, e a vida como um todo.

Em Jesus a verdade é objetiva, a moral é coerente, a fé substitui sensações e o secularismo torna-se obsoleto.

Ele conquistou seu coração

"Disse-me o SENHOR: Vai outra vez, ama uma mulher." (Os. 3:1).

Se entendêssemos com a nossa mente e coração o quanto somos amados e seguros nos braços do Pai toda a realidade interior seria transformada em paz e alegria.

Um dos grandes romances que já li foi a história de amor entre Oseias e Gomer. Gomer, era uma prostituta, que do ponto de vista humano, não tinha valor. Oseias a viu de forma diferente e decidiu amá-la com toda suas forças, casando-se com ela.

Com o tempo ela deixou seus marido e foi em busca de aventuras sexuais. Voltou ao lodo que havia sido resgatada e prostituiu-se novamente. O coração de Oseias ficou triste com essa situação, embora a amava muito. Ele decidiu não levar em consideração seus atos, e a perdoou! Uau! Que amor maravilhoso! Ele deu uma nova vida e a amou mais intensamente do que a primeira vez.

Essa história é muito bonita e representa cada um de nós. Obviamente, somos como Gomer, a prostituta que trai Deus com as coisas inúteis dessa vida. Todavia, Oseias tipifica Cristo, que ama cada um de nós. Não ama com uma conversa furada só para conquistar o que quer e ir embora. Ele ama incondicionalmente.

Jesus, nosso Oseias por excelência, quer nos conduzir ao deserto, para revelar-se como o Deus perdoador, com o objetivo de revelar-se a nós com amor eterno, para que as paixões dessa vida, sejam substituídas por seu "ousado amor." Se, de fato, soubéssemos o quanto somos amados!

O caminho é Ele quem faz contigo

Vocês sabem que a prova da sua fé produz perseverança." (Tg. 1:3).

Só pode perseverar quem tem um ideal de vida pelo que lutar. Um atleta continuará firme em busca da sua medalha porque estabeleceu alcançar o primeiro lugar.

A analogia serve para a vida cristã. Estamos percorrendo um caminho sublime e eterno. Nosso alvo é a busca para nos tornar parecidos com Jesus. Ciente que estamos indo para um lugar melhor, podemos usar as coisas, ao invés dela nos usar. Podemos, colocar o dinheiro no seu devido lugar, como meio para vivermos bem aqui, e não como um ídolo do nosso coração.

Perseverar exige disciplina. Todos os dias teremos que dizer "sim" para os princípios bíblicos e "não" para os princípios deste mundo. É uma guerra entre manter-se no caminho certo ou no errado. Nossa fé será provada no dia a dia, e em outros momentos vamos pensar em desistir, pois às vezes as lutas serão grandes demais, que talvez seria melhor abrir mão do alvo sublime... Nunca desista! A capacidade de perseverar em santidade depende do que Cristo fez. Ele tornou-se um de nós, homem por excelência, suportou afronta morais, foi acusado de coisas terríveis que nunca fez, morreu na cruz por pecadores, ressus-

citou ao terceiro dia, e prometeu estar conosco diariamente!

Por causa dessa obra de graça, iniciada por Ele do
começo ao fim, Ele nos dará forças para perseveremos no
Seu Caminho. Você nunca esteve sozinho. Ele sempre esteve em e com você!

Fique firme! Persevere!

"Fortaleçam as mãos enfraquecidas e os joelhos vacilantes." (Hb. 12:12).

Permanecer firme é fundamental para a vida cristã vitoriosa! Diante das lutas da vida continue em pé. Não permita que o cansaço da rotina tire sua alegria no trabalho, estudo ou igreja, mas aprenda "ter prazer na rotina" (Leonardo Mendes Neto), e será bem-sucedido.

A vida cristã é feita de lutas e alegrias. Lutas contra o inimigo da nossa alma, que diariamente planeja destruir os filhos(as) de Deus, com suas artimanhas sutis. Alegrias, pela vitória em perseverar na vontade de Deus, diante de um mundo sem Deus.

Mantenha-se firme! Mãos fracas e joelhos vacilantes não redundarão no peso de glória que está reservado aos que continuam sempre. Todos os dias precisa ser melhor que o anterior. A vida cristã é um progresso diário. Não importa se está crescendo rápido como um Papa Léguas ou devagar como uma tartaruga. É preciso continuar!

Quantos desistiram no meio do caminho por diversos motivos... Amaram mais a(o) namorada(o) do que Jesus, apaixonaram-se pelo sexo livre, ficaram chateados com pessoas, ao invés de olhar para Cristo. Eles deram várias desculpas para abandonarem o Caminho! Interessante que toda a chateação que nos tira do caminho de Deus, acontece no trabalho e na faculdade e ninguém pede as contas ou tranca o curso!

Seja o que for que tenha passado a eternidade é muito mais gloriosa do que a transitoriedade desta vida. Não compensa trocar o efêmero pelo Definitivo!

Ele está com você:
vá e faça o que tem que fazer!

"Não temas, porque eu sou contigo." (Is. 41:10).

A nossa geração é acostumada com o *fast food* e tudo tem que ser na hora. Um clique no celular e temos o mundo nas mãos e todas as informações disponíveis.

A vida cristã não é como um *download* de um arquivo baixado com rapidez. Disciplina, constância e perseverança diária são palavras chaves para a caminhada cristã.

Impressionante como mantemos o foco em busca do diploma ou puxando ferro na academia, e perdemos o foco quando se trata do relacionamento com Jesus. Interessante é o tempo gasto investido em séries do *Netflix* (nada contra), mas sem tempo a ser investido com Jesus.

Há um livro chamado *Praticando a presença de Deus* do Irmão Lawrence, cuja tese principal é: fazer a vontade de Deus todos os dias! Isto implica em abrir mãos de desejos pessoais, organizar o tempo e convicção de que Ele estará presente com você em todo o tempo!

O que te impede de viver a vontade de Deus? Qual *malware* bloqueia seu relacionamento com Deus? Qual clique tem perturbado sua mente e feito você desistir? O antivírus celestial já foi instalado faz tempo no seu HD, precisa apenas apertar o botão e resetar, e começar novamente a caminhada.

Pegue tudo o que está em seu coração e faça um *upload* para os braços de Jesus de todas as coisas ruins que o impede de prosseguir, então vá e faça o que que Ele chamou você a fazer!

Resista até a morte

"Na luta contra o pecado, vocês ainda não resistiram até o ponto de derramar o próprio sangue." (Hb. 12:4).

O autor dos Hebreus é brutal nas ideias! Aponta Cristo como aquele que suportou as dores mais cruéis do poder político e espiritual suportando morte de cruz.

Ele traça um paralelo afirmando que se olharmos para Jesus nunca ficaremos desanimados, pois n'Ele, que é a consumação de tudo, devemos nos mover, em fé! Se o autor de Hebreus estiver conosco hoje ficaria doido com nossa vida cristã tão frívola e relativa.

Imagine o autor dos hebreus falando conosco: "estou cansado para ir ao culto hoje", ele diria: "você já resistiu a ponto de derramar o próprio sangue?" Outro diria: "que sermão chato!", ao que responderia: "a Palavra que o pregador anuncia só é possível porque Cristo derramou o próprio sangue!".

Ele continua: "suportem as dificuldades" (Hb. 12:7). Seja um jovem e uma jovem forte! Não titubeie da sua fé! Permaneça firme! Suporte as dificuldades. Elas virão você querendo ou não, aparecerão sem avisar, tirará seu chão, deixará você triste, e em tudo isso, lembrem-se: "suportem", pois houve um que de fato suportou o sofrimento potencializado ao nível máximo na cruz, para que pudéssemos suportar também!

Lute bravamente contra o pecado, a imoralidade, a chacota por ser cristão, e desfrutará da coroa da vida reservada a você! Caso, contrário tombará diante das mínimas coisas, por não possuir fundamento eterno!

Você não passou pela crucificação, então pare de reclamar e prossiga!

Mesmo arrebentado, continue!

"Um homem de tristeza e familiarizado com o sofrimento." (Is. 53:3).

Minha família era composta de um pai alcoólatra e ciumento, mãe triste e um irmão usuário de drogas. Minha adolescência foi construída em meio ao medo da morte e a ansiedade. Pânico é a palavra que me definia.

Aos 16 anos toda minha casa foi alcançada por Jesus e vivemos tempos de alegria indizível, mesmo em meio a escassez de recursos. Ao término do Ensino Médio fui fazer Teologia. Durante três anos praticamente saia da minha casa a pé para a faculdade. No último ia com uma *bike* emprestada pelo meu irmão. Que fase!

Conheci minha esposa a pé e a guerreira me acompanhava nas andanças. Depois comprei duas *bikes* e íamos para cima e para baixo na pedalada. Quantas vezes chegamos aos cultos cansados e suados! Casei, comprei moto e carro, e celebramos essas conquistas.

Porém, meu coração foi arrebentado. Minha casa, outrora feliz com o evangelho, abandonou a fé e somente minha mãe permaneceu firme! Os talentos dados por Deus a eles foram enterrados. Hoje é uma casa triste. Não há mais alegria lá, e eles decidiram não viverem o chamado.

Ajudo várias famílias com a graça de Deus, mas não consigo ajudar a minha! A lição é simples: mesmo arrebentado, continue! Deus está com você e sua família será transformada.

Não vire uma estátua de sal

"Lembrai-vos da mulher de Ló." (Lc. 17:32).

"Quem vive de passado é museu", diz o ditado popular. Às vezes, somos como museus emocionais guardando saudades da nossa antiga vida.

A mulher de Ló, cujo nome não sabemos, recebeu ordem explícita de Deus para não olhar para trás, e esquecer o que viveu em Sodoma. Ela, desobedecendo, deu aquela "olhadinha" fatal, e virou um estátua de sal.

Nosso problema é a "olhadinha" de vez em quando para coisas e cenas erradas! É a "olhadinha" que vai criando um acervo de cultural imaterial no nosso inconsciente, fazendo-nos ter saudades dos erros do passado, e presos a relacionamentos que não deram certos.

Essa "olhadinha" vê outro ser humano criado à imagem de Deus como objeto a ser consumido e descartado. Não raras as vezes coloca-se sobre a mulher a culpa pela tentação, e de fato a culpa é de quem olha com malícia para elas! É obvio que mulheres e homens devem prezar pelo bom senso no vestir e no agir. A mulher de Ló é um padrão da vida cristã incoerente. Ela saiu da cidade com aquela saudadezinha da velha vida. Muitos de nós estamos frequentando a igreja e ao mesmo tempo flertando com o pecado, e vez ou outra, voltamos aos lugares obscuros que frequentávamos e damos uma "olhadinha" num *site* diferente.

Que sua mente torne-se um museu de lembranças do agir de Deus, dos seus feitos, das vezes que Ele te deu graça para vencer as tentações, para "trazer à memória o que pode dar esperança" (Lm. 3:7).

Fixe seus olhos na eternidade

"Se te fatigas correndo com homens que vão a pé, como poderás competir com os cavalos." (Jr. 12:5).

A vida é desafio e as guerras são travadas no cotidiano. Jovens medíocres sucumbirão mesmo na sombra, como Jeremias que estava cansado em correr com os homens, sem saber que participaria de uma guerra!

Eugene Peterson constatou em relação às pessoas de hoje que são "vidas não tanto caracterizadas pela maldade, mas pela mediocridade." O medíocre é o que está na média, não por falta de talento, mas por ausência de desejo em tornar-se melhor. Ele vegeta ao invés de ser uma planta com raízes profundas capaz de manter-se firme diante das adversidades.

A razão para tal mediocridade é a valorização do relativo em detrimento do Permanente! Nossos olhos estão focados demais na transitoriedade da vida, e perdemos o senso de significado, e vamos levando com a barriga.

Volte-se para Jesus o mais rápido possível e prepare-se para a guerra, por meio da prática dos exercícios espirituais. Há um mundo a ser conquistado e pessoas para serem salvas do inferno! Deus conta com você nessa batalha.

Pare de ter medo de provas de faculdades, altura,

escuro ou de morrer. Seja forte! Aproveite a sombra para fortalecer, foque em Jesus e ore como nunca, leia e estude como nunca fez, guarde sua mente com a Palavra e eleve para o próximo nível, que é justamente estar aos pés de Jesus.

Não importa se correrá com homens ou cavalos e sim quem estará com você na corrida! Ele está! Tenha certeza disso e viva uma vida excelente.

Não manche sua pureza

"Foge igualmente das paixões da mocidade." (II Tm. 2:22).

O lema do "Ministério Vida Pura" é "nós não desistimos da santidade!". Em meio a cultura sensualizada e pornificada que vivemos realmente precisamos lutar para viver uma vida santa.

Viver em santidade em tempos tão sensual é o grande desafio da juventude. Os manjares estão disponíveis a ambos: garoto e garota e a facilidade para obter prazer sem compromisso está facilitada.

José fugiu ao ser tentado pela esposa do faraó e Davi caiu ante Bate-Seba. A questão não está na mulher e sim no modo como cada um deles reagiu diante delas. Em relação as tentações sexuais, Paulo oferece apenas um conselho: foge! Isto é, não brinque com coisa séria, senão poderá ser queimado!

Estima-se que os EUA consomem em torno de cincos bilhões de dólares em pornografia anualmente. É dinheiro que não acaba mais! E quem financia tudo isso são os que acessam os *sites* pornôs. Observe ao seu redor e perceberá um tom de sensualidade numa propaganda de perfume, numa camisa, num carro. Tudo está envolvido nesse aspecto.

É uma luta diária, e possível de vencê-la, basta colocar-nos de joelhos em oração, fugir da aparência do mal, dedicarmos à leitura da palavra e encher nossa mente com as coisas de Deus. Não existe mágica na vida cristã. Existe disciplina.

Deus quer fazer com você o que fez com Timóteo entregar um ministério em suas mãos, porém suas mãos precisam ser puras para exercer o que Deus lhe dará. Não desista! Viva em santidade e experimentará grandes recompensas.

Não tenha medo! Ele está com você até o final de tudo!

"E eis que estou convosco todos os dias até à consumação do século." (Mt. 28:20).

E ssa é a certeza que fortalece nossa fé, saber que até o final da jornada Ele estará conosco todos os dias.

A promessa da Presença diária é o fator determinante para fazermos a obra de Deus. Há uma relação entre "fazer discípulos" com "todos os dias", é como se Jesus falasse: "jovem, não tenha medo de fazer a minha obra, pois estarei com você em todos os momentos, segundos e minutos. Apenas creia a fale de mim, e discipule outros. Você nunca estará só!"

A fascinante paráfrase contemporânea da Bíblia de Eugene Peterson diz: "Resoluto, Jesus os instruiu: Deus me autorizou a comissionar vocês: vão e ensinem a todos os que encontrarem, de perto e de longe, sobre este estilo de vida, marcando-os pelo batismo no nome tríplice: Pai, Filho e Espírito Santo. Vocês devem ensiná-los a praticar tudo que tenho ordenado a vocês. Eu estarei com vocês enquanto procederem assim, dia após dia após dia, até o fim dos tempos." Não tenha medo ou receio de fazer a obra de Deus. Mesmo que esteja num ambiente secularizado como a universidade a promessa não falha: Ele estará com você, dando-lhe criatividade para evangelizar, poder para testemunhar e capacitando-o diariamente para que novas pessoas tornam-se discípulos de Jesus.

Se ele limpou nosso pecado, nos escolheu antes da fundação do mundo, salvação aqueles que Ele determinou, com sua graça irresistível nos convenceu, com certeza nos levará a perseverar em um relacionamento com Ele e na sua obra.

Não tenha medo! Ele sempre esteve e estará com você!

Considerações dos autores

Não há uma receita infalível para viver uma vida abençoada. Buscamos indicar alguns passos que demonstrem atitudes e decisões que podem fazer a diferença em sua vida. O mais importante é você estar sempre conectado com Deus, buscando cada dia mais da sua presença.

Dan Duke diz "O segredo para estar cheio do Espírito Santo é sempre estar faminto", quanto mais você experimentar do amor de Deus, mais você vai querer estar em sua presença.

Ouça, aprenda e pratique estes passos. Ouça, aprenda e pratique o que Deus lhe mostrar no secreto. Coloque em prática orientações dos seus líderes e dos seus pastores. Confronte tudo com a Bíblia!

Há uma nova versão sua pronta para ser apresentada ao mundo. Coisas incríveis que estão dentro de você – sonhos, projetos e histórias – os quais você só vai ter acesso conhecendo mais de Deus, mergulhando fundo em seu rio.

Myles Munroe diz que o lugar mais rico de uma cidade é o cemitério, "porque lá estão enterrados sonhos que não se realizaram, livros que não foram escritos, filmes que não foram produzidos, canções que não foram compostas, quadros que não foram pintados, etc." Não leve para o caixão os sonhos, planos e projetos que Deus colocou em sua vida. Há uma linda história para ser vivida, tome posse dela.

Deus escreveu uma linda história para você, talvez hoje esses pontos não se liguem, mas no futuro tudo lhe fará sentido, desde que você se submeta ao Pai, escolhendo viver o roteiro que ele criou para a sua vida.

> "Os teus olhos viram o meu embrião; todos os dias determinados para mim foram escritos no teu livro antes de qualquer deles existir." Salmos 139:16 –

Oro para que este livro faça a diferença em sua vida, espero que através desta obra Deus tenha falado contigo e que de alguma forma você possa ter sido inspirado.

Se você quer colocar em prática esses 10 passos e experimentar uma jornada abençoada, lhe convido para repetir em voz alta esta oração:

"Pai, muito obrigado por ter falado comigo. Peço que o Senhor me fortaleça e me ensine a colocar em prática os ensinamentos deste livro. Quero experimentar uma jornada abençoada com o Senhor, aprendendo cada dia mais de ti e te conhecendo à fundo. Peço que em breve estes dez conselhos e as devocionais façam parte da minha vida diária e que eu venha a experimentar um conhecimento mais profundo da sua essência. Te agradeço por me amar tanto e peço que me ajude a mudar o que tem de ser mudado, a ter momentos preciosos na sua presença e que eu venha ter fome pela leitura da sua palavra. Te peço em nome de Jesus, amém."

Que Deus lhe abençoe muito, desejo que tudo o que você tocar venha a prosperar, em nome de Jesus!

Testemunho do Marcelo

Tive o privilégio de nascer em uma família estrutu-rada onde nunca me faltou amor. Meus pais sempre me proporcionaram tudo de melhor, tudo o que uma criança poderia querer. Além de me darem atenção, cuidado e amor desfrutei de todos os bens materiais que estavam ao alcance deles. Estudei em boas escolas, tive acesso à cursos, esportes e tudo o que de minha cidade tinha de melhor para oferecer.

Eu sempre fui um dos menores da minha classe e um dos mais novos, com isso sofri *bullying* – se bem que na minha época não tinha esse nome e não se dava a mesma importância que se dá hoje.

Por ser perseguido por garotos maiores acabei me tornando uma criança introspectiva e tímida. Com o passar do tempo fui crescendo e passando por vá-rias coisas durante a vida até que no início da maioridade comecei a experimentar o mundo das baladas. Tive a oportunidade de ir nas melhores festas e baladas do Bra-sil, sempre nos camarotes, rodeado de mulheres lindas, dirigindo bons carros e bebendo as melhores bebidas.

Tive a oportunidade de viajar para diversos lugares do mundo e experimentando várias experiências nessas viagens, indo também a festas no exterior. Aos olhos do mundo eu tinha tudo o que pode trazer alegria, mas eu sentia um grande vazio em meu interior.

Busquei na bebida, nas festas, na ostentação, em re-lacionamentos e em muitas outras coisas preencher um vazio do tamanho de Deus.

Nesse meio tempo fiz meus pais sofrerem, chegando diversas vezes em casa embriagado, acordando eles de madrugada pedindo ajuda porque havia batido o carro, entre outras coisas.

Eu sempre gostei muito de estudar, por isso me julgava um sujeito inteligente. Falava outras línguas, conhecia vários lugares do mundo e sempre me interessei muito pela questão espiritual.

Conheci diversas religiões, estudei sobre elas. Cheguei até mesmo a me declarar ateu por um bom tempo, com bons fundamentos que, em minha cabeça, poderia rebater qualquer argumento de um Cristão.

Eu tirava sarro dos chamados Evangélicos. Meu tio Nico, a quem sou eternamente grato, passou dias e dias pagando um preço de oração por mim e tentando argumentar comigo sem sucesso, mas uma semente ia sendo plantada.

O meu vazio só ia aumentando, não havia mais o que poderia fazer para preenchê-lo. Por isso ia cada vez mais "forte" nas baladas, nas bebedeiras e tendo uma vida desregrada. Cheguei à entrar em depressão pois nada fazia sentido. Era como se tudo o que eu tinha a minha disposição fosse uma anestesia para que eu não viesse a me confrontar e buscar o verdadeiro sentido da minha vida.

Eis que um dia me senti realmente no fundo do poço e busquei ajuda do meu tio – nesse momento ele me apresentou aos irmãos da igreja– Rafinha e Juninho, que foram na minha casa e fizeram a oração de entrega – entreguei minha vida para Jesus.

Neste dia, 26.12.10, deu-se início a minha jornada Cristã. Infelizmente eu era rebelde e não apliquei quase nada do que ensinei neste livro no começo da minha caminhada, e me arrependo demais disso. Enquanto não me posicionei vivia um contraste entre momentos maravilhosos com Deus mas, logo em seguida, voltava a sentir o vazio pois não tinha optado por seguir verdadeiramente a Cristo.

Chegou a hora que eu tive que optar. Não dava mais para viver uma vida "mundana" junto com a caminhada Cristã, por isso eu fiz a melhor escolha da minha vida – Mergulhar em Cristo.

Quando tomei essa decisão coloquei em prática o que vim lhe ensinar nesse livro e posso lhe dizer, hoje sou pleno e feliz comigo mesmo. Não tenho mais aquele vazio e meu maior prazer é ver pessoas desfrutando desse amor, o amor de Deus pelos seus filhos.

Deus tem trabalhado em todos os aspectos da minha vida. Hoje vivo uma vida equilibrada, sou um filho melhor, amigo melhor, consigo ajudar o meu próximo, me tornei referencia para muitas pessoas e tenho tido o prazer de ver pessoas se inspirando na minha história para obterem mudança de vida.

Obtive crescimento profissional, melhorei minha relação familiar e tenho vivido uma nítida e real prosperidade.

Ainda há muito o que ser trabalhado em minha vida, há um longo caminho para ser mais parecido com Cristo. Preciso crescer e melhorar em muitos aspectos, mas posso dizer que o único arrependimento que tenho é de não ter começado antes a minha caminhada com Cristo.

A vida que Cristo lhe proporciona não se compara com a vida que o mundo lhe oferece e eu posso lhe dizer isso com propriedade – pois eu experimentei muitos dos manjares dessa terra.

Espero que minha história possa inspirar a sua e espero ansioso por ouvir o seu testemunho.

Testemunho do Diogo

Cresci numa casa acolhedora. Meus pais sempre me trataram muito bem. Tive uma infância excelente, salvo a partir dos meus quinze anos, em que tivemos uma reviravolta na nossa família, ligado ao retorno do meu pai ao álcool. Depois de muitos anos o vício o tomou novamente e tudo ruiu.

Diante da desestabilidade familiar meu irmão reagiu a isso, buscando encontrar refúgio nas drogas, e eu não soube lidar com toda essa situação, e desenvolvi crises terríveis de pânico. Às vezes, tinha a nítida impressão que o inferno ia me engolir! Nesta época antecipei todas as crises existências possíveis, e até os meus quinze anos vivi escravo dos meus próprios pensamentos. Minha mãe suportou toda a condição da nossa casa com muitas lágrimas e dores na alma! Dona Mariy sempre foi uma guerreira!

Nenhum de nós éramos cristãos, e não sabíamos da batalha espiritual que estava acontecendo na nossa família. Simplesmente vivíamos à espera de que algo mudasse, e de fato mudou! Aos dezesseis anos comecei a trabalhar num Sebo, e mudei meu horário do colégio do matutino para o noturno. Algumas vezes o pânico me tomava enquanto ia para a Escola e a vontade era jogar-me entre os carros e morrer! Todavia, um aluno da minha sala um dia decidiu falar de Cristo para mim da maneira mais simples possível. Ao sair do colégio ele passou do meu lado e disse: "Diogo, Jesus ama você e tem uma obra na sua vida. Leia Êxodo 20." Aquelas simples e poderosas palavras entraram no meu coração com força, e chegando em casa comecei a ler o texto que ele indicou. Depois comecei a ler outras partes da Bíblia, e no outro dia fui a procura dele para saber mais sobre quem é esse Jesus, capaz de amar um adolescente miserável como eu.

Resumindo a história toda a minha família se converteu! E num dado dia fui até a casa de uma pessoa cristã, e lá confessei a Cristo como Senhor da minha vida, e senti algo maravilhoso descendo pela minha cabeça, e passando por todo o meu corpo, como se estivesse limpando minha mente e emoção, e as crises cessaram!

Fiquei tão grato a Jesus que deixei de ir fazer o vestibular de Letras Vernáculo e fui direto estudar Teologia, pois meu único desejo era conhecer mais a Deus. Durante o início da minha conversão, a minha maior referência cristã era meu irmão Marcos, pelo modo comprometido que respondeu o chamado de Deus. Lembro, como se fosse hoje, das vezes que acordava para tomar água na madrugada, e o via ajoelhado em oração! Essa cena nunca saiu da minha cabeça!

Seja qual for a sua situação Jesus é poderoso para transformar seu choro em alegria! Apenas creia, confiei, busque a Ele, e viva sua vida n'Ele!

Oração de entrega

Leia essa oração em voz alta:

"Senhor Jesus, nesta hora eu decido por uma vida nova. Escolho te seguir, te reconhecendo como meu único e suficiente salvador. Jesus, apague toda escrita de dívida que há em meu nome e jogue no mar do esquecimento. Escreva o meu nome no livro da vida, me dando acesso à vida eterna e que eu venha a ter uma vida abundante.

Te reconheço nesta hora como meu único e suficiente salvador, crendo que o Senhor se entregou na cruz, morreu e ressuscitou no terceiro dia para que eu venha a herdar a vida eterna e ter uma vida plena da sua graça e de sua misericórdia. Que neste dia haja festa nos céus e que eu comece a escrever uma vida nova, escrita por suas mãos. Em nome de Jesus, amém."

Seja bem vindo à uma vida totalmente nova. Pelo sangue de Jesus você é feito nova criatura.

OS AUTORES

Marcelo Dias é advogado, especialista em Direito Empresarial pela Universidade Estadual de Londrina e em Direito Constitucional pela Academia Brasileira de Direito Constitucional.

Fale com o autor:

marcelodiasadvocacia@gmail.com

Diogo Crotti, é bacharel em Teologia pela UNIFIL, especialista em "Ensino de História", pela Unicesumar, Licenciado em Pedagogia pela IPEMIG, atua como tutor de Teologia na UNIFIL EaD, pastor Presbiterinano e casado com Erica Souza Crotti.

Fale com o autor:

diogocrottiaraujo@gmail.com